车辆制动装置实训手册

主　编◎李西安

西南交通大学出版社
·成　都·

图书在版编目（CIP）数据

车辆制动装置：含实训手册. 2，车辆制动装置实训手册 / 李西安主编. —成都：西南交通大学出版社，2022.8（2025.1 重印）
ISBN 978-7-5643-8733-4

Ⅰ. ①车… Ⅱ. ①李… Ⅲ. ①铁路车辆 – 车辆制动 – 制动装置 – 高等职业教育 – 教材 Ⅳ. ①U270.35

中国版本图书馆 CIP 数据核字（2022）第 104670 号

前言

本书是与李西安主编《车辆制动装置》教材相配套的活页式教材，由本书作者团队与企业合作共同开发编写，以《铁路车辆段修规程》标准为依据，以典型企业生产案例维修为主线，以岗位能力分析为基础，从职业资格所需的职业素质和岗位技能来构建教材内容体系，按照企业制动钳工岗位技术要求和学生自主学习的要求进行教学设计并安排教学活动，实现理论教学与实践教学融通合一、能力培养与工作岗位对接合一、实习实训与顶岗工作学做合一。学习情境大多源于企业真实产品，实训内容贴近生产实际，具有可操作性和实用性，书中附有动画和视频等教学资源，读者可扫描书中二维码观看相应资源，随扫随学，激发学生自主学习兴趣，实现高效课堂。本书作为高职高专轨道类制动钳工教材，也可作为铁路车辆部门工程技术人员、职教部门及职工自学参考书。

本教材在编写过程中，得到了郑州铁路职业技术学院“双高”建设专业群的支持，郑州铁路职业技术学院车辆工程学院为该系列教材的编写出版投入了大量的人力、物力及财力，郑州局车辆段、郑州局北车辆段、郑州局焦作车辆段的职教专家、工程师等直接参与了编写和审稿工作，在此一并表示感谢。

本教材由郑州铁路职业技术学院李西安任主编，郑州铁路职业技术学院俎以宏、刘宁任副主编，具体分工为：郑州铁路职业技术学院李西安编写学习情境一，郑州铁路职业技术学院俎以宏编写学习情境二，郑州铁路职业技术学院刘宁编写学习情境三、四、五、六。

由于翻译和编写及审校水平所限，加之编写时间仓促，书中难免有疏漏和不当之处，恳请读者给予批评指正，提出宝贵意见。

作　者

2022 年 8 月

目录

课程名称	车辆制动系统	学习情境	104 型分配阀检修
班　级		姓　名	

学习情境一　104 型分配阀检修

学习情境描述

104 型分配阀是铁道客车制动系统中的核心部件，协助机车控制列车的不同作用位，在生产运输中起缓和纵向力冲击作用。能正确地进行 104 型分配阀分解、清扫、测量、给油组装，熟练指出各零部件名称及配合关系，并能准确判断故障、正确提出施修方案。

学习目标

1. 知识目标

（1）104 型分配阀的检修；

（2）104 型分配阀故障原因分析。

2. 能力目标

（1）具备车辆乘务员应急故障处理能力；

（2）具备制动钳工岗位专业技能。

3. 素质目标

（1）安全第一、预防为主、严规细操；

（2）协作意识、环保意识、节约意识。

任务书

学习小组记录单

104 型分配阀检修

日期		地点		课时	
案例					
引导问题					

小组成员及分工

	姓名	任务分配	备注
组长			
组员			

引导问题解答：

1.

2.

3.

一、设备与工具

分解工作台；风动扳手；内径百分表；150 mm 游标卡尺；塞尺；研磨机；零件清洗机；吹尘风枪；组装工作台；电烙铁；秒表；弹簧试验器；铸铁平台；250 mm 活口扳手；32 mm 专用单头扳手；46 mm 专用单头扳手；拆装冲气阀座用起子；M12 的螺纹头起子；各种直径的缩孔通针；零件存放盒；平条；油石；104 阀弹簧检测样板；104 阀缩孔通针。

二、工作前安全要求

按规定穿戴好防护用品，严禁穿拖鞋、高跟鞋；检查风源压力符合 600 ~ 650 kPa 的标准，分配阀研磨机、零件清洗机等状态良好，各种样板、量具齐全，检定不过期。

三、分配阀检修工艺

104 型分配阀分解、组装过程

（一）外部除尘

分配阀在进入检修间之前，首先堵塞安装面和阀体各孔，经高压（水）冲洗设备将外部尘埃、油垢及剥离的铅油层冲洗掉，然后用压缩空气吹扫干净，以保证检修间的卫生环境条件，确保检修质量。

（二）初　试

在 705 试验台上对分配阀的主阀和紧急阀的各项性能进行机能试验，发现主阀和紧急阀不符合技术条件的性能，并判断故障处所，便于有针对性地检修。

（三）分　解

将主阀、紧急阀安装于专用夹具上，使用专用工具按以下顺序进行分解。拧下主阀及紧急阀紧固螺母，拿下主阀、紧急阀及主阀垫、紧急阀垫，从中间体内取出滤尘器，取出紧急阀安装面内滤尘网。

1. 分解主阀

充气部：拧开止回阀盖，取出止回阀弹簧及止回阀；用扳手拧下主阀上盖与主阀体联结螺母，取下主阀上盖，取出充气膜板垫，取下充气模板及充气活塞，用钥匙形起子拧出充气阀座，取出充气阀及充气阀弹簧。

作用部：取下上盖面孔路上的 O 形密封圈，用螺纹形起子拔出主活塞组件，拧下主活塞压板螺母，依次取下主活塞压板、主活塞膜板、O 形密封圈、主活塞，冲出滑阀弹簧销，拿出滑阀弹簧，取出滑阀、节制阀、节制阀弹簧，用挡圈钳取出主活塞杆尾部挡圈，依次取出稳定弹簧座、稳定弹簧及稳定杆；104 型分配阀用扳手拧下主阀下盖，取出 O 形密封圈。

局减阀：扳手拧下局减阀盖，取出压圈、局减阀弹簧、局减阀弹簧垫、毛毡垫，取出局减活塞组件（套螺母拔出），拧下局减活塞螺母，取下局减活塞，局减膜板。

均衡部：扳手拧下作用阀上盖螺栓，依次取下作用阀上盖、盖面上 O 形密封圈、作用阀杆和作用阀组件（二者不用分解）、作用阀弹簧；从主阀体作用阀室取出滤尘套；扳手拧下下盖螺母，去掉下盖，打下压板螺母，依次取下作用活塞压板，O 形密封圈、作用活塞膜板、作用活塞、作用活塞杆。

紧急增压阀：用扳手拧下增压阀盖，取下 O 形密封圈，用螺纹头起子取出增压阀，增压阀弹簧。

2. 分解紧急阀

取出滤尘网，拧下紧急阀上盖螺母，取下紧急阀上盖，从紧急阀上盖安装面取下 O 形密封圈，抽出紧急活塞组件；拧下压板螺母，从紧急活塞杆上取下紧急活塞压板、紧急活塞膜板、O 形密封圈、紧急活塞；拧下紧急阀下盖螺母，取下紧急阀下盖；从紧急阀体下口取出放风阀；从紧急阀下盖面取下 O 形密封圈；从紧急阀下盖内取出放风阀导向杆及放风阀弹簧。

（四）清 洗

用干净棉布蘸 761 金属机械清洗剂将各零件上的油垢擦净，油垢较多的零件在 761 清洗剂盆内浸泡后，用干净棉布擦拭吹干。761 金属机械清洗剂对铝合金、橡胶制品、漆层均无腐蚀作用，毒性小，去污能力强于汽油和香蕉水。

若使用 120 号汽油（代替 761 金属机械清洗剂）进行清洗，特别注意各胶垫、密封圈、膜板等橡胶制品不得接触汽油，避免受腐蚀影响性能和使用寿命。

（五）检 查

按照检修规则及检修限度的要求对所分解并经过清洗的各零部件进行检查。检查各部位是否符合限度要求，对不符合技术要求的零件确定更换或者确定检修方法。

阀体、各阀盖有裂纹或碰伤及各活塞、杆变形或裂纹时加修或更换；各阀口、导向杆、导向套的导向面有伤痕或磨损时加修或更换；滑阀各孔及各缩孔堵塞时用小于各孔径的钢针疏通；节制阀与座、滑阀与座的滑动面有划伤及接触不严密时研磨；各缩（限）孔须符合以下尺寸：缩孔Ⅰ ϕ0.8 mm，缩孔Ⅱ ϕ0.8 mm，限孔Ⅲ ϕ1.6 mm，限孔Ⅳ ϕ0.5 mm，限孔Ⅴ ϕ1.2 mm；各橡胶模板及密封圈有气孔夹渣、损伤、溶胀、老化变质者更换；各橡胶夹心阀有开胶、老化变质者更换；各弹簧有折断、锈蚀、变形衰弱时更换；自由高尺寸应符合表 1-1-1 要求。

表 1-1-1　104 型分配阀各弹簧限度表

弹簧名称	自由高/mm	压缩高/mm	加压荷重/N
稳定弹簧	35.5 ~ 34	24 ~ 21	20
作用阀弹簧	42.5 ~ 38.5	27 ~ 23	50
减速弹簧	78 ~ 74	47.5 ~ 43.5	140
跳跃弹簧	65.5 ~ 61.5	全压缩三次恢复自由高	
紧急二段阀弹簧	55.5 ~ 51.5	全压缩三次恢复自由高	
紧急增压阀弹簧	55.5 ~ 51.5	全压缩三次恢复自由高	
局减阀弹簧	55.5 ~ 51.5	全压缩三次恢复自由高	
止回阀弹簧	26 ~ 24.5	全压缩三次恢复自由高	
充气阀弹簧	26 ~ 24.5	全压缩三次恢复自由高	
节制阀弹簧	15 ~ 13.5	全压缩三次恢复自由高	
放风阀弹簧	50.5 ~ 46.5	全压缩三次恢复自由高	
安定弹簧	52.5 ~ 48.5	25 ~ 21	28

（六）检　修

对检查后确定检修方法的零件，按照检修工艺的要求，利用必要的检修装备和工具进行检修，使达到规定的技术条件。

（七）二次清洗

分配阀各零部件检修完毕，用干净布蘸 761 金属机械清洗剂将阀体内壁擦净，再用压缩空气吹干；经检修或检修后符合技术条件要求的各零部件（胶垫、螺栓、螺母除外）放入清洗器内浸泡约 10 min，擦洗各铜件上的孔道，用 761 金属机械清洗剂进行清洗，清洗后用压缩空气将零件表面及内孔吹扫干净；阀体内以汽油洗刷后用压缩空气吹扫干净，然后用新白布擦拭；用压缩空气将零部件表面及内孔吹扫干净；各胶垫不得沾浸汽油、香蕉水等（免腐蚀影响使用寿命），用压缩空气吹扫、旧布擦干净。

（八）给油组装

为了保证分配阀各部件作用灵活准确，延长使用期限，按工艺要求在进行分配阀组装时，各滑动摩擦面、活动密封圈等部位涂以适量的 210-250 甲基硅油或 7057 硅脂。过多的油或油脂会降低各橡胶件的耐寒性，适当的油脂可减小摩擦阻力，防止零件锈蚀，加强接触面的气密性。

1. 给油部位

滑阀、节制阀的滑动面及滑阀座、节制阀座涂少量甲基硅油；主活塞杆和滑阀弹簧与滑阀套的摩擦处涂少量的甲基硅油；各导向杆、密封圈及各滑动摩擦部涂少量硅脂；充气膜板的凸起缘外周涂少量硅脂或硅油；空重车调整部的偏心轴与轴孔涂少量软干油。各螺盖的丝扣处因有密封圈密封，不得涂铅粉油。

2. 组装紧急阀

将紧急阀体安装于专用夹具上，使用专用工具按以下程序进行组装。在放风阀下盖孔内依次装入放风阀弹簧、放风阀导向杆、放风阀，安装面装入 O 形密封圈，使放风阀与座对正，紧急阀下盖与阀体对正穿入螺栓，平均拧紧螺母；紧急活塞杆上依次装上紧急活塞、O 形密封圈、紧急活塞膜板、紧急活塞压板，拧紧压板螺母，然后将安定弹簧、紧急活塞组件从紧急阀体上孔装入，紧急阀上盖安装面装上 O 形密封圈，与阀体对正穿入螺栓，均衡拧紧螺母；将滤尘器装入紧急阀安装面中部孔内。

3. 组装主阀

将主阀体安装于夹具上，利用专用工具按以下程序进行组装。

（1）均衡部：依次将作用阀弹簧、作用阀杆和作用阀组件装入作用阀上盖孔内，将滤尘套装入主阀体作用阀室，在作用阀上盖安装面孔路上装上 O 形密封圈，将作用阀对准作用阀座放入主阀体内，作用阀上盖与阀体对准孔路和螺栓孔穿入螺栓，扳手平均紧固螺母；将 O 形密封圈放入作用活塞中心圆形凹槽，依次将作用活塞、作用活塞膜板、作用活塞压板套到作用活塞杆上；拉杆从压板螺栓丝扣端穿过，再将压板螺栓拧紧到作用活塞杆上；然后将作用活塞杆插入作用活塞杆套内（推拉两次须灵活）；对准孔路，安装均衡部下盖，穿放螺栓，均衡拧螺母。

（2）局减阀：依次将局减膜板，局减活塞套在局减阀杆上，拧紧局减活塞螺母；将局减活塞组件推入局减阀套（推拉两次，要灵活），放入压圈；将毡垫，局减阀弹簧垫及局减阀弹簧依次放入局减阀盖孔内；将局减阀弹簧另一端对准局减活塞螺母，将局减阀盖拧紧在阀体上。

（3）作用部：将节制阀弹簧放入主活塞杆弹簧孔内，放上节制阀，在主活塞杆上套上滑阀，对准滑阀、滑阀弹簧销孔，穿入滑阀弹簧销；将稳定杆、稳定弹簧、稳定弹簧座依次放入主活塞杆尾部轴向孔内，将挡圈装入挡圈槽内；将O形密封圈放入主活塞中心圆形凹槽内，依次将主活塞、主活塞膜板、主活塞压板套到主活塞杆上，将主活塞压板螺母拧到主活塞杆上；将滑阀弹簧后端压下，连同滑阀及主活塞杆尾部塞入滑阀套内，压入主活塞组件（抽拉两次，须灵活）；将O形密封圈套在主阀下盖上，用扳手拧紧到主阀体上。

（4）充气部：将止回阀放到止回阀座上，放上止回阀弹簧，拧紧止回阀盖，充气阀座套上密封圈，依次将充气阀、充气阀弹簧放到充气阀座上，用钥匙形起子将充气阀座拧紧到充气阀体内；将充气活塞杆对准充气阀座中心孔放上，将充气膜板套到充气阀体上（膜板凸缘要压入阀体槽面）；将膜板垫放入主阀体圆形槽内，充气膜板对准膜板垫，对准充气阀体与主阀体气路（安装面上的孔路装上相应的O形密封圈）、螺栓和螺栓孔，均衡拧紧螺母。

（5）紧急增压阀：将增压阀弹簧套在增压阀端部缩径轴上，用螺纹形起子将紧急增压阀组件推入增压阀套内（推拉两次，须灵活），拧下螺纹头起子，将O形密封圈套到增压阀盖上，用扳手拧紧到主阀体上。

（6）总体组装：将滤尘器装入中间体主阀安装座上大圆孔内，紧急阀安装面制动管孔装入滤尘网，装上主阀垫和紧急阀垫（气密线朝向阀体）；主阀、紧急阀对准垫和安装座气路，螺栓与螺栓孔对准并套上，对角均衡拧紧螺母。

组装过程须按组装工艺要求进行必要的抵抗试验，确认符合技术要求，按顺序依次将各零部件组装，避免误装、漏装，各螺母须对角均衡拧紧。

（九）机能试验

104型分配阀性能试验

1. 试验前准备

（1）确认705试验台性能良好。

（2）确认总风源压力在650 kPa以上，关闭所有控制阀和风门，操纵阀手把置Ⅶ位或Ⅷ位。开风源开关F。

（3）给风阀调整到600 kPa，限压阀调整到50 kPa。

2. 主阀试验（参见图1-1-1）

准备：打开控制阀K1，将主阀卡紧在主阀安装座上。开放1，4，5，6，7，8号风门，关闭其他风门。如图1-1-1所示。

（1）初充气和充气位漏泄试验。

操纵阀手把（以下简称手把）置Ⅰ位，注意观察压力风缸和副风缸压力表上升。待压力风缸和副风缸充至定压后，用肥皂水检查各结合部，不得有漏泄，并用漏泄指示器检查各排气口漏泄。要求如下：

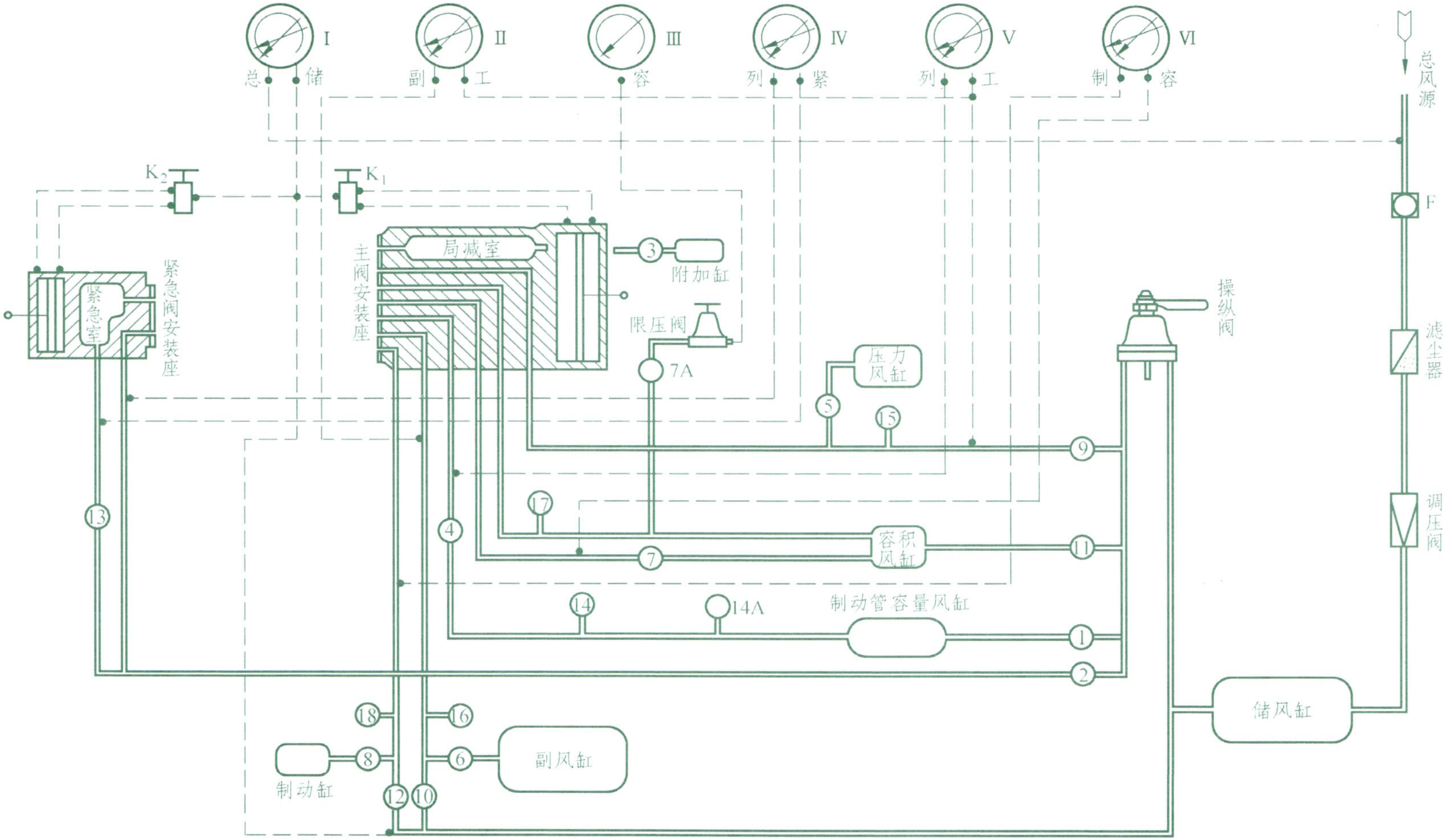

图 1-1-1　705 型试验台组成示意图

① 压力风缸压力由 0 充至 580 kPa 的时间应符合以下的要求：洗检及修理品 60 ~ 90 s，新品 60 ~ 80 s。

② 整个充气过程中副风缸压力不得超过压力风缸的压力。当压力风缸压力达 580 kPa 时，副风缸压力应不低于 560 kPa。

③ 用漏泄指示器测定均衡部排气口及作用部排气口（以下简称大、小排气口）漏泄，水面由第 2 格升至第 3 格的时间不得少于 5 s。

④ 局减室排气口用肥皂水检查，在 5 s 内肥皂泡的直径不得大于 25 mm。

（2）紧急制动位漏泄试验。

操纵阀手把置Ⅰ位，待压力风缸和副风缸充至定压后，手把在Ⅰ位至Ⅷ位间来回移动 2 ~ 3 次。然后置Ⅰ位，待压力风缸和副风缸充至定压后，手把置Ⅲ位，开风门 14。待排尽制动管余风后，用肥皂水检查各结合部，不得漏泄。要求如下：

① 用漏泄指示器测定大、小排气口漏泄，水面由第 2 格升至第 3 格的时间不得少于 10 s。

② 关风门 14，手把置Ⅱ位，制动管压力升至 40 kPa 后，移置Ⅲ位，开风门 10。当副风缸压力达 580 kPa 后，关风门 10，待压力稳定时，关风门 4。在 10 s 内制动管压力上升：洗检及修理品不得超过 20 kPa；新品不得超过 15 kPa。

③ 局减阀盖小孔处涂以肥皂水，不得有漏泄。试验完毕开风门 4。

（3）制动和缓解灵敏度试验。

操纵阀手把置Ⅰ位，待压力风缸和副风缸充至定压后，手把置Ⅳ位减压 40 kPa，然后移至Ⅲ位保压 1 min，再置Ⅱ位缓解。要求如下：

① 制动灵敏度。应在制动管减压 20 kPa 以前发生局减作用，减压 40 kPa 前发生制动作用。

② 从手把移置Ⅲ位起到局减室排气终了的时间，洗检及修理品不得超过 15 s；新品不得超过 10 s。

③ 保压位漏泄试验。① 保压 1 min，不得发生自然缓解；② 关风门 7，容积风缸的压力上升应为：洗检及修理品不得超过 20 kPa；新品不得超过 10 kPa。试验完毕开风门 7。

④ 缓解灵敏度。从手把移至Ⅱ位起到小排气口开始排气的时间：洗检及修理品不得超过 15 s；新品不得超过 15 s。

（4）局减阀试验。

操纵阀手把置Ⅰ位，待压力风缸和副风缸充至定压后，关风门 7，堵住大排气口。手把置Ⅳ位，当制动缸压力上升时，手把移至Ⅲ位。待制动缸压力稳定后关风门 8，待 20 s 后开风门 8 和 18。当制动管压力开始下降时，关风门 18。注意观察制动缸压力表的压力。要求如下：

① 局减阀关闭压力应为 50 ~ 70 kPa。

② 制动缸压力的上升在 20 s 内不得超过 10 kPa。

③ 局减阀开放压力不得小于 20 kPa。试毕手把置Ⅰ位，卸下排气口堵，开风门 7。

（5）稳定试验。

操纵阀手把置Ⅰ位，待压力风缸和副风缸充至定压后，手把置Ⅲ位，开放风门 14A，制动管减压 50 kPa 后，关闭风门 14A。要求制动管降压 50 kPa 以前，不得发生局减和制动作用。

（6）紧急增压部分试验（已加停止增压垫圈者）。

操纵阀手把置Ⅰ位，待压力风缸和副风缸充至定压后，手把置Ⅴ位，在制动管减压 250 ~ 320 kPa 后，保压 2 min，不得起增压作用。

（7）缓解试验。

关风门 14，开风门 1，手把置Ⅰ位，待压力风缸和副风缸充至定压后，手把置Ⅴ位，当容积风缸压力上升至平衡压力时，将手把移至Ⅲ位保压，待压力稳定后，手把移至Ⅰ位。要求如下：

① 容积风缸压力由 400 kPa 降至 40 kPa 的时间应为：洗检及修理品 4.5 ~ 8 s；新品 4.5 ~ 7 s。

② 制动缸压力应尾随容积风缸压力下降，两者压差不得超过 25 kPa。

（8）均衡部灵敏度试验。

操纵阀手把置Ⅰ位，待压力风缸和副风缸充至定压后，关风门 1、7 和 8。手把置Ⅷ位，排尽制动管余风后，开风门 7A，11 和 18，手把置Ⅱ位。注意观察（单针）容积风缸压力表压力，当风门 18 排气口开始排气时，读取容积风缸压力表的指示值。其要求为：103 型分配阀洗检及修理品不得超过 20 kPa，新品不得超过 20 kPa；104 型分配阀洗检及修理品不得超过 15 kPa，新品不得超过 15 kPa。试毕，手把置Ⅷ位，排尽余风后，关风门 7A，11，18；开风门 1，7，8，14，15，16，排尽余风后，关 K1，卸下主阀。

3. 紧急阀试验（参见图 1-1-1）

准备：开控制阀 K2，将紧急阀卡紧在安装座上。开风门 1、2，关其他风门。总风源压力应在 650 kPa 以上，调整调压阀将试验风压调整为 600 kPa。

（1）紧急室充气和紧急放风阀漏泄试验。

手把置Ⅰ位，注意观察紧急室压力的上升，充至定压后用肥皂水检查各结合部，不得有漏泄。要求如下：

① 紧急室压力由 0 升至 580 kPa 的时间应符合：洗检及修理品 40 ~ 60 s，新品 40 ~ 55 s。

② 待压力稳定后，关闭 2 号风门，在 20 s 的时间内制动管压力不得下降。

（2）紧急制动灵敏度及紧急室排风试验。

开放 2 号风门，手把置Ⅰ位，待紧急室充至定压后，开、关风门 14 反复 2 ~ 3 次，使紧急阀发生紧急放风作用 2 ~ 3 次。然后关闭风门 14，待紧急室充至定压后，手把位置放Ⅷ位。注意观察制动管和紧急室压力下降情况。要求如下：

① 在制动管减压 100 kPa 以前，应发生制动管紧急排风作用。

② 紧急室压力由发生制动管紧急排风开始到降至 40 kPa 的时间应符合：洗检及修理品 12 ~ 20 s，新品 14 ~ 18 s。

（3）安定试验。

手把置Ⅰ位，待紧急室充至定压后，手把置Ⅵ位减压 200 kPa，再移至Ⅲ位。要求紧急室压力应尾随制动管压力下降，不得发生紧急排风作用。

试毕，手把置Ⅷ位，开风门 13，排尽制动管和紧急室余风，关风门 2，关控制阀 K2，卸下紧急阀。试验合格的分配阀涂打检修标记，填写分配阀检修记录单“车统-47B_1”“车统-47B_2”送存放架，待发放到修车车间和运用车间装车使用。

控制阀及风门的编号和用途见表 1-1-2，风表的编号及用途见表 1-1-3。

表 1-1-2 控制阀及风门的编号和用途

编号	简称	用途	
K1	主卡	控制主阀安装座抓紧机构的进、排气	
K2	紧卡	控制紧急阀安装座抓紧机构的进、排气	
1	主列	切断风门	切断制动管容量风缸与操纵阀的通路
2	紧列		切断紧急阀安装座制动管与操纵阀的通路
3	附切		切断附加风缸的通路
4	列切		切断主阀安装座制动管的通路，以缩小制动管容积
5	工切		切断压力风缸的通路，以缩小压力风缸容积
6	副切		切断副风缸的通路，以缩小副风缸的容积
1	容切		切断容积风缸的通路，以缩小容积风缸的容积
7A	限切		切断限压阀和单针（容积风缸）压力表Ⅲ
8	制切		切断制动缸的通路，以缩小制动缸的容积
9	工充	快充风门	向压力风缸充气
10	副充		向副风缸充气
11	容充		向容积风缸充气
12	制充		向制动缸充气
13	紧充		向紧急室充气
14	列排	快排风门	制动管容量风缸向大气快排
14A	缩排		制动管容量风缸通过缩孔向大气快排
15	工排		压力风缸向大气快排
16	副排		副风缸向大气快排
17	容排		容积风缸向大气排气
18	制排		制动缸向大气排气

表 1-1-3 风表的编号及用途

编号	简称	用途		编号	简称	用途	
		黑表针	红表针			黑表针	红表针
1	总、储	总风缸	储风缸	4	列、紧	紧急阀安装座制动管	紧急室
2	副、工	副风缸	压力风缸	5	列、工	主阀安装座制动管	压力风缸
3	容	容积风缸		6	制、容	制动缸	容积风缸

职业能力评价表

班级		姓名		学号	
课程内容		日期		成绩	

1. 小组自评

（1）优点：

（2）不足：

2. 小组互评

小组成员	优点	不足

3. 教师指导评价

环节	序号	评价内容	评级		
			A	B	C
专业能力	1				
	2				
	3				
方法能力	4				
	5				
	6				
	7				
社会能力	8				
	9				
	10				
教师综合评价					

课程名称	车辆制动系统	学习情境	120 型控制阀检修
班级		姓名	

学习情境二　120 型控制阀检修

学习情境描述

120 控制阀是货车制动机的核心部件。控制阀性能良好是制动机发挥正常作用的根本保证，因此对分配阀内部各零件进行日常维修保养及定期检修，可消除不良处所，确保行车安全。能正确地进行 120 型控制阀分解、清扫、测量、给油组装，熟练指出各零部件名称及配合关系，并能准确判断故障、正确提出施修方案。

学习目标

1. 知识目标

（1）120 型控制阀的检修；

（2）120 型控制阀故障原因分析。

120 型控制阀检修

2. 能力目标

（1）具备货车检车员应急故障处理能力；

（2）具备制动钳工岗位专业技能。

3. 素质目标

（1）安全第一、预防为主、严规细操；

（2）协作意识、环保意识、节约意识。

任务书

学习小组记录单

120 型控制阀检修					
日期		地点		课时	
案例					
引导问题					

小组成员及分工

	姓名	任务分配	备注
组长			
组员			

引导问题解答：

1.

2.

3.

一、设备与工具

分解工作台；风动扳手；内径百分表；150 mm 游标卡尺；塞尺；研磨机；零件清洗机；吹尘风枪；组装工作台；电烙铁；秒表；弹簧试验器；铸铁平台；250 mm 活口扳手；32 mm 专用单头扳手；46 mm 专用单头扳手；拆装冲气阀座用起子；M12 的螺纹头起子；各种直径的缩孔通针；零件存放盒；平条；油石；120 阀弹簧检测样板；120 阀缩孔通针。

二、工作前安全要求

按规定穿戴好防护用品，严禁穿拖鞋、高跟鞋；检查风源压力符合 600 ~ 650 kPa 的标准，分配阀研磨机、零件清洗机等状态良好，各种样板、量具齐全，检定不过期。

三、控制阀检修工艺

1. 外部清洗

与分配阀检修相同，120 型控制阀在检修前，首先堵塞安装面和阀体各孔，在冲洗设备中用高压水（加添加剂温水）将外部尘埃、油垢冲洗掉，然后用压缩空气吹扫干净，保证 120 型控制阀在检修过程中的清洁，确保检修质量。

2. 机能初试验

在 705 型实验台上，对 120 型控制阀的主阀、紧急阀和半自动缓解阀的各项性能进行机能实验，预先发现 120 型控制阀不符合技术要求的性能，并判断故障原因，便于有针对性地检修。

3. 120 型控制阀分解

首先将缓解阀与主阀分开，将主阀、紧急阀装在专用夹具上，使用专用工具进行分解。

（1）分解主阀。

① 分解作用部：用套筒扳手卸下主阀上盖螺母，取下主阀上盖，取下上盖面孔路上的 O 形密封圈，用螺纹头起子拔出主活塞组件，拧下主活塞压板螺母，依次取下主活塞压板、主活塞膜板、O 形密封圈、主活塞，冲出滑阀弹簧销，拿出滑阀弹簧，取出滑阀、节制阀、节制阀弹簧。用挡圈钳取出主活塞杆尾部挡圈，依次取出稳定弹簧座、稳定弹簧、稳定杆。

② 分解减速部：用套筒扳手卸下主阀下盖螺母，取下主阀下盖，依次取出减速弹簧及减速弹簧套（同时从止回阀部取出止回阀弹簧和止回阀）。

③ 分解紧急二段阀：取出 O 形橡胶密封圈，用螺纹头起子取出紧急二段阀杆、紧急二段阀弹簧。

④ 分解局减阀：用套筒扳手卸下主阀前盖螺母，取下主阀前盖，取下主阀前盖面孔路上的 O 形密封圈，取出局减阀弹簧、局减阀弹簧垫及毛毡。用手钳夹紧局减活塞螺母拔出局减活塞组成，拧下局减活塞螺母，取下垫圈、局减活塞压板、局减膜板、局减活塞、局减阀和两个 O 形密封圈。

⑤ 分解加速缓解阀：从主阀前盖面加速缓解阀部取出加速活塞组成，拧下加速活塞螺母，从加速活塞螺钉上取下加速上活塞压板、加速缓解膜板及加速下活塞。拔出顶杆，取下 O 形密封圈。用挡圈钳取出加速缓解阀套挡圈，用 M3 的螺钉拔出加速缓解阀套，取下两个 O 形密封圈。用挡圈钳取出加速缓解阀套尾部挡圈，依次取出加速缓解阀弹簧座、加速缓解阀弹簧。

（2）分解半自动缓解阀。

冲出手柄座上的销子，取下手柄。用套筒扳手卸下半自动缓解阀上盖及下盖螺母，取下半自动缓解阀上盖及下盖，从下盖内取出手柄座、排风阀下阀座及 O 形密封圈。

① 手柄部：从半自动缓解阀体手柄部上口取下两个 O 形密封圈、两个止回阀弹簧及两

个止回阀。从半自动缓解阀体手柄部下口依次取出顶杆座、手柄弹簧及两个顶杆。

② 活塞部：取出缓解阀弹簧，拧下缓解活塞螺母，依次取下垫圈、缓解活塞压板、缓解活塞膜板、O 形密封圈及缓解活塞。再从半自动缓解阀体内推出缓解活塞杆组成，打出销子，卸下排气阀。

（3）分解紧急阀。

从紧急阀安装面的制动管孔中取出滤尘网，用套筒扳手卸下紧急阀上盖螺母，取下紧急阀上盖和上盖面孔路上的 O 形密封圈，取出紧急活塞组成及安定弹簧。卸下压板螺母及防松垫圈，从紧急活塞杆上依次取下紧急活塞压板、紧急活塞膜板、O 形密封圈、紧急活塞。从紧急活塞杆中取出密封圈及滤尘套。用套筒扳手拆下紧急阀下盖螺母，取下紧急阀下盖和下盖面孔路上的 O 形密封圈，从紧急阀体下口取出放风阀组件，拔出先导阀顶杆。从紧急阀下盖内取出放风阀导向杆、先导阀弹簧座、先导阀弹簧及先导阀，取出放风阀弹簧。

4. 一次清洗

各零部件（胶垫、螺栓及螺母除外）放入清洗器内用 120 号汽油或洗涤剂浸泡 10 min 左右进行清洗，阀体内以汽油刷洗后用压力空气吹扫干净，然后用干净的白布擦拭，用压力空气将零部件表面及内孔吹扫干净；各橡胶件、胶垫用布擦拭干净，不得沾浸汽油、煤油、机油、香蕉水等油类及其他酸、碱液体，以免橡胶件老化变质。

5. 检　查

按照《车辆空气制动装置检修规则》的要求，对分解后的零部件进行全面检查，对不符合技术要求的零件确定更换或者确定检修方法。

（1）阀体和各盖有裂纹、砂眼、碰伤等损伤者，各活塞及杆有碰伤变形或裂纹者应加修或更换。

（2）各橡胶膜板应做拉伸检查、各密封圈外观检查，如有气孔、夹渣、划伤、膨胀、老化变质及破损者应更换。

（3）各橡胶夹芯阀有开胶、变质、夹砂时更换，阀面不平、受压印痕过深者磨去印痕或更换。

（4）滑阀、滑阀座、节制阀等金属滑动平面有划伤及接触不严密时研磨，滑阀、滑阀座各孔、槽通路堵塞时用小于各孔径的钢针疏通，并清洗、吹扫干净。

（5）各阀口、导向杆、导向套的导向面有划伤、磨损或松动时加修或更换。

（6）各缩孔须符合以下尺寸：缩孔Ⅰ ϕ0.8 mm，缩孔Ⅱ ϕ2.8 mm（配套 ϕ254 mm 制动缸）或 ϕ3.6 mm（配套 ϕ356 mm 制动缸），限孔Ⅲ ϕ2.5 mm，限孔Ⅳ ϕ0.5 mm，限孔Ⅴ ϕ1.1 mm，缩孔Ⅵ ϕ1.0 mm，缩孔Ⅶ ϕ1.8 mm，缩孔Ⅷ ϕ2.2 mm。

（7）各弹簧有锈蚀、折断、衰弱变形时更换，外径及自由高尺寸应符合表表 2-1-1 要求。

6. 检　修

对检查后确定检修方法的零件，按照检修工艺的要求，利用必要的检修装置和工具进行检修，使之达到必要的技术条件。

表 2-1-1 120 型控制阀弹簧尺寸

部件	名 称	钢丝直径/mm	弹簧外径/mm	自由高/mm
主阀	加速缓解弹簧	1.0	11	20
	稳定弹簧	1.5	20	34.5
	节制阀弹簧	0.6	5	18
	局减阀弹簧	2	20	53
	紧急二段阀弹簧	2	20	53
	减速弹簧	4	44.5	70
	止回阀弹簧	0.8	15	25
缓解阀	缓解阀弹簧	2	24	45
	止回阀弹簧Ⅰ	1.2	11	33
	止回阀弹簧Ⅱ	1.2	11	33
	缓解阀手柄弹簧	2.2	13.5	38
紧急阀	安定弹簧	2	48.5	46
	先导阀弹簧	0.8	10	19
	放风阀弹簧	1.8	15.5	33

7. 二次清洗

控制阀二次清洗的目的、方法及要求与一次清洗基本相同。

8. 给油组装

为了保证控制阀各部件作用灵活准确，延长使用期限，按工艺要求在进行控制阀组装时，滑阀、滑阀座、节制阀的各滑动摩擦面上涂以适量二甲基硅油，活动密封圈涂以适量的 7057 硅脂。过多的油或油脂会降低各橡胶件的耐寒性，适当的油脂可减小摩擦阻力，减少磨耗，防止零件锈蚀，加强接触面的气密性。主活塞及滑阀、节制阀装入阀体内拉动时，动作须灵活，阻力适当，各活塞膜板边缘应完全入槽。在装阀盖时，各螺栓应均匀拧紧，防止偏压。

（1）组装紧急阀。

将紧急阀体安装于专用夹具上，使用专用工具按以下程序进行组装。

在紧急阀下盖内依次装入放风阀弹簧、弹簧座、先导阀弹簧、先导阀、放风阀导向杆；先导阀顶杆穿入放风阀中心孔内，放风阀组件放入放风阀导向杆圆锥形凹孔；安装面装入 O 形密封圈，使放风阀与放风阀座对正，紧急阀下盖与阀体对正穿入螺栓，套筒扳手平均拧紧螺母，紧急活塞杆上依次装入紧急活塞、O 形密封圈、紧急活塞膜板、紧急活塞压板，拧上压板螺母，将滤尘套装入紧急活塞杆上部轴向孔内；紧急阀上盖安装面装上 O 形密封圈，紧急阀上盖与阀体对正穿入螺栓，套筒扳手平均拧紧螺母；将滤尘器装入紧急阀安装面中部制动管孔内。

（2）组装主阀。

将主阀体安装于专用夹具上，利用专用工具按以下程序进行组装。

① 作用部：将节制阀弹簧放入主活塞杆弹簧孔内，放入节制阀，在主活塞杆上套上滑阀，对准滑阀、滑阀弹簧销孔，穿入滑阀弹簧销；将稳定杆、稳定弹簧、稳定弹簧座依次放入主活塞杆尾部轴向孔内，用挡圈钳将挡圈装入挡圈槽内；将O形密封圈放入主活塞中心圆形凹槽内，依次将主活塞、主活塞膜板、主活塞压板套到主活塞杆上，用扳手将主活塞压板螺母拧紧到主活塞杆上；将滑阀弹簧后端压下，连同滑阀及主活塞杆尾部塞入滑阀套内，压入主活塞组件（抽拉两次，须灵活）；主阀上盖面上的孔路装上相应的O形密封圈，主阀上盖与阀体对正穿入螺栓，套筒扳手均衡拧紧螺母。

② 紧急二段阀：将紧急二段阀弹簧套在紧急二段阀阀杆端部缩径轴上，将紧急二段阀组件推入二段阀杆套内（推拉两次，须灵活），放入密封圈。

③ 减速部：将减速弹簧套套到主活塞杆尾部，减速弹簧放人减速弹簧套内（同时将止回阀和止回阀弹簧依次放入止回阀部），主阀下盖各部对正，各螺栓孔对正穿入螺栓，套筒扳手均衡拧紧螺母。

④ 加速缓解阀：将夹心阀、加速缓解阀弹簧、加速缓解阀弹簧座依次装入加速缓解阀套空腔内，用挡圈钳装好加速缓解阀套尾部挡圈，将加速缓解阀套压入阀体内，用挡圈钳装好加速缓解阀套固定挡圈；将顶杆装入加速缓解阀套中心孔内；依次将加速活塞、加速活塞膜板、加速活塞压板套到加速活塞紧固螺钉上，拧紧加速活塞螺母，将加速缓解活塞组件装到阀体上（橡胶模板对准凸缘）。

⑤ 局减阀：依次将局减活塞、局减模板、局减活塞压板套在局减阀杆上，加垫圈拧紧局减活塞螺母；将局减活塞组件推入局减阀套（推拉两次，须灵活）；将局减阀弹簧套到局减活塞螺母上，毡垫、局减阀弹簧依次放入主阀前盖局减阀部孔内；装上前盖面孔路上相应的O形密封圈，将主阀前盖局减阀孔、加速缓解阀孔分别对正局减阀弹簧和加速缓解阀部，并将橡胶模板压入凸缘内，螺柱孔与螺柱对正，用套筒扳手均衡拧紧螺母。

（3）组装半自动缓解阀。

① 手柄部：将两个顶杆分别装入半自动缓解阀体手柄部两个止回阀轴向孔内，依次将手柄弹簧和顶杆座从缓解阀阀体手柄部下口装入手柄部下腔，手柄座杆穿入缓解阀下盖孔中，手柄套到手柄座杆上，对准销轴孔穿上销轴；从阀体手柄部上口依次装入左右两个止回阀、止回阀弹簧及O形橡胶密封圈。

② 活塞部：将排气阀装到缓解活塞杆上，对准销轴孔穿上销轴，从阀体活塞部下口装入排气阀和缓解活塞杆组件；依次将缓解活塞、O形密封圈、缓解活塞膜板、缓解活塞压板套到缓解活塞杆上，扳手拧紧缓解活塞紧固螺母；缓解阀弹簧套到缓解活塞紧固螺母上。

将半自动缓解阀上盖及下盖（活塞部凸缘套上O形密封圈）与手柄部和活塞部对应部分对正，螺栓孔对准用套筒扳手均衡紧固螺母，在半自动缓解阀安装座上装上胶垫，将半自动缓解阀安装面螺栓孔对准螺柱套上，用套筒扳手均衡拧紧半自动缓解阀安装座螺母。

（4）总体组装。

将滤尘器装入中间体主阀安装座上大圆孔内，紧急阀安装面制动管孔和主阀安装相应孔装上滤尘网，装上主阀垫和紧急阀垫（气密线朝向阀体）；主阀、紧急阀对准垫和安装座气路，螺栓与螺栓孔对准并套上螺母，用套筒扳手对角均衡拧紧螺母。

组装过程须按组装工艺要求进行必要的抵抗试验，确认符合技术要求，按顺序依次将各零部件组装，避免误装、漏装，各螺母须对角均衡拧紧。

9. 机能试验

新造或经检修组装好的 120 型控制阀通过 705 型试验台的检验，120 型控制阀的各项性能必须符合《120 型空气制动控制阀试验规范》的质量要求。

（1）主阀试验。

① 试验准备：将主阀与缓解阀组装后，开控制阀 K1，将其卡紧在主阀安装座上，总风源压力应在 650 kPa 以上，调压阀调至 600 kPa，开风门 1、4、5、6、8，关闭其他风门。如图 1-1-1 所示。

② 初充气和充气位漏泄试验。

操纵阀手把（以下简称手把）置Ⅰ位，观察副风缸和加速缓解风缸（试验台上为压力风缸，为试验方便，以下称为压力风缸）压力表，充至定压后用肥皂水检查各结合部，并用漏泄指示器检查排气口的漏泄量。要求如下：

（a）副风缸压力由 0 充至 580 kPa 的时间：配用 356 mm 直径制动缸时为 240 ~ 290 s；配用 254 mm 直径制动缸时为 290 ~ 340 s；当副风缸压力达到 580 kPa 时，压力风缸压力不得低于 560 kPa。

（b）各结合部不得漏泄。

（c）用漏泄指示器测定主阀的制动缸排气口及局减排气口的漏泄，水面由第 2 格升至第 3 格的时间不得少于 10 s。

③ 紧急制动位漏泄试验。

操纵阀手把置Ⅰ位，待副风缸和压力风缸充至定压后，手把在Ⅰ ~ Ⅷ位之间来回扳动，使之制动、缓解 2 ~ 3 次，然后置Ⅰ位，待副风缸和压力风缸充至定压后，手把置Ⅲ位，开风门 14，排尽制动管余风后，关风门 14，手把置Ⅱ位，制动管压力升至 40 kPa 后，手把置Ⅲ位，待压力稳定后，关风门 4，观察制动管压力的上升。试毕开风门 4。要求如下：

（a）用肥皂水检查各结合部，不得有漏泄。

（b）用漏泄指示器测定主阀的制动缸排气口及局减室排气口的漏泄，水面由第 2 格升至第 3 格的时间不得少于 10 s。

（c）局减阀盖小孔涂以肥皂水，不得有漏泄。

（d）制动管压力上升在 10 s 内不得超过 15 kPa。

④ 制动和缓解灵敏度试验。

手把置Ⅰ位，待副风缸和压力风缸充至定压后，手把置Ⅳ位减压 40 kPa 后再移至Ⅲ位，保压 1 min 后，手把移至Ⅱ位。要求如下：

（a）应在列车管减压 20 kPa 以前发生局减作用，减压 40 kPa 以前发生制动作用。

（b）从手把置Ⅲ位起到局减室排气终止的时间不得超过 10 s。

（c）保压 1 min，不得发生自然缓解。

（d）关闭风门 8，制动缸压力上升在 10 s 内不得超过 10 kPa。试后开风门 8。

（e）从手把移至Ⅱ位起到主阀的制动缸排气口开始排气的时间不得超过 15 s。

⑤ 局减阀性能试验。

手把置Ⅰ位，待副风缸和压力风缸充至定压后，手把置Ⅳ位，当制动缸压力开始上升时，手把置Ⅲ位，关闭风门 6，待制动缸压力稳定后，再开风门 18，当制动管压力开始下降时，观察局减阀开放时的制动缸压力。关闭风门 18，待制动缸压力稳定后，观察局减阀关闭时的制动缸压力。试毕开风门 6。要求如下：

（a）局减阀开放时的制动缸压力不得小于 20 kPa。

（b）局减阀关闭时的制动缸压力应为 50 ~ 70 kPa。

⑥ 稳定性试验。

手把置Ⅰ位，待副风缸和压力风缸充至定压后，手把置Ⅲ位，开放风门 14A，待制动管减压 40 kPa 后，关闭风门 14A。要求在制动管减压 40 kPa 以前，不得发生局减、制动作用。

⑦ 紧急二段阀试验。

手把置Ⅰ位，待副风缸和压力风缸充至定压后，手把置Ⅲ位，开风门 14，注意观察制动缸压力上升。试后关闭风门 14。要求如下：

（a）制动缸压力应迅速上升至 120 ~ 160 kPa，然后缓慢上升至平衡压力。

（b）制动缸压力由 0 上升至 400 kPa 的时间：配用 356 mm 直径制动缸时为 6 ~ 9 s；配用 254 mm 直径制动缸时为 9 ~ 13 s。

⑧ 缓解试验。

上项试验后，手把移至Ⅰ位缓解。制动缸压力从 350 kPa 降至 40 kPa 的时间：配用直径为 356 mm 制动缸时为 13 ~ 17 s；配用直径为 254 mm 制动缸时为 18 ~ 23 s。

⑨ 加速缓解试验。

手把置Ⅰ位，待副风缸和压力风缸充至定压后，手把置Ⅴ位，减压 70 kPa 后，手把移至Ⅲ位保压，待压力稳定后，关风门 5，保持 20 s，观察压力风缸压力表变化，然后开风门 5 及 18，当制动缸压力降至 100 kPa 时，关风门 18，手把置Ⅱ位。要求如下：

（a）在 20 s 内，压力风缸压力下降不得超过 5 kPa。

（b）当制动缸开始缓解时，制动管压力应有跃升。

⑩ 逆流孔（眼泪孔）作用试验。

手把置Ⅰ位，待副风缸和压力风缸充至定压后，手把置Ⅳ位，减压 50 kPa 后，手把置Ⅲ位，关风门 6、8，开风门 14A，观察制动管及副风缸压力表，待制动管压力下降 20 kPa 后，关风门 14A。要求：在制动管压力下降 20 kPa 前，副风缸压力应能随制动管压力下降，试毕开风门 6、8。

（2）半自动缓解阀试验。

① 通量试验：手把置Ⅰ位，待副风缸和压力风缸充至定压后，手把置Ⅷ位，排尽制动管压缩空气。要求制动缸压力由 0 升至 350 kPa 的时间不得超过 4 s；用肥皂水检查手柄及排风口处，不得有漏泄。

② 制动缸缓解试验。

继上项试验后，拉动半自动缓解阀手柄，待制动缸开始缓解时松开手柄。要求：

（a）从副风缸压力开始下降起，制动缸应在 3 s 内开始缓解。

（b）制动缸压力从 350 kPa 降至 40 kPa 的时间应不大于 4 s，用肥皂水检查上盖排气孔，不得有漏泄。

③ 副风缸和加速缓解风缸排气及解锁试验。

半自动缓解阀手柄拉到最大位，待副风缸和压力风缸压力下降到 200 kPa 以下时，放开手柄，测副风缸排气时间，然后开风门 15、16，使副风缸、压力风缸压力降至 100 kPa；关风门 15、16、5、6，检查副风缸、压力风缸漏泄，开 5、6、18，关 8，开 16，待副风缸压力降至 40 kPa，关闭风门 16。试毕关风门 18，开风门 8。要求如下：

（a）副风缸压力由 450 kPa 降至 200 kPa 的时间不得超过 20 s，当副风缸压力降至 200 kPa 时，压力风缸压力应低于副风缸压力。

（b）用肥皂水检查半自动缓解阀排气口及手柄处，半自动缓解阀排气口在 10 s 内肥皂泡直径不得大于 12 mm，手柄处不得有漏泄。

（c）在副风缸压力降至 40 kPa 前，试验台屏板上的制动缸排气口风门 18 处不得排气。

④ 主阀缓解试验。

手把置Ⅰ位，待副风缸和压力风缸充至定压后，手把置Ⅳ位，使制动管减压 50 kPa 后，手把再置Ⅲ位，然后拉半自动缓解阀手柄，待制动缸开始缓解时松开手柄，制动缸压缩空气排尽时，手把再置Ⅴ位，使列车管再减压 40 kPa，手把再置Ⅲ位。要求制动缸应能产生再制动作用。

试验完毕，手把置Ⅷ位，排尽余气；关风门 18；开风门 1、8、14、15、16；关 K1，卸下主阀及半自动缓解阀。

（3）紧急阀试验。

① 试验准备：开控制阀 K2，将紧急阀卡紧在紧急阀安装座上，开风门 1、2，关闭其他风门，总风源压力应在 650 kPa 以上，调压阀将储风缸的空气压力调到 600 kPa。

② 紧急室充气和紧急放风阀漏泄试验。

手把置Ⅰ位，注意观察紧急室压力的上升，充至定压后，用肥皂水检查结合部。要求：紧急室压力由 0 升至 580 kPa 的时间应为 40 ~ 55 s，待压力稳定后，关风门 2，制动管压力保持 20 s 不得下降，各结合部及排气口不得有漏泄。

③ 紧急制动灵敏度及紧急室排风时间试验。

开风门 2，手把置Ⅰ位，待紧急室充至定压后，手把在Ⅰ至Ⅷ位间来回移动 2 ~ 3 次，使紧急阀发生紧急放风作用 2 ~ 3 次。然后手把置Ⅰ位，待紧急室充至定压后，手把移至Ⅷ位，注意观察制动管和紧急室压力的下降。要求：

（a）制动管减压 100 kPa 以前，应发生制动管紧急放风作用，制动管压力从发生紧急放风作用开始到降至 40 kPa 的时间不得大于 1.5 s。

（b）紧急室压力从制动管发生紧急放风作用开始到降至 40 kPa 的时间应为 14 ~ 18 s。

④ 安定性试验。

手把置Ⅰ位，待紧急室充至定压后，手把置Ⅵ位减压 200 kPa 后，再移至Ⅲ位。要求紧急室压力应随制动管压力下降，不得发生制动管紧急放风作用。

⑤ 常用转紧急制动试验。

手把置Ⅰ位，待紧急室充至定压后，手把置Ⅵ位减压 170 kPa 后立即转Ⅷ位。要求制动管仍能发生紧急放风作用。

试验完毕，手把置Ⅷ位，开风门 13，待排尽制动管和紧急室的压缩空气后，关闭风门 2、13，关控制阀 K2，卸下紧急阀。试验合格的控制阀涂打检修标记，填写 120 阀检修记录簿。送存放架，待发放到修车车间和运用车间装车使用。

职业能力评价表

班级		姓名		学号	
课程内容		日期		成绩	

1. 小组自评

（1）优点：

（2）不足：

2. 小组互评

小组成员	优点	不足

3. 教师指导评价

环节	序号	评价内容	评级		
			A	B	C
专业能力	1				
	2				
	3				
方法能力	4				
	5				
	6				
	7				
社会能力	8				
	9				
	10				
教师 综合评价					

课程名称	车辆制动系统	学习情境	F8 型分配阀检修
班级		姓名	

学习情境三　F8 型分配阀检修

学习情境描述

F8 型分配阀是铁道客车制动系统中的核心部件，协助机车控制列车的不同作用位，在生产运输中起缓和纵向力冲击作用。能正确地进行 F8 型分配阀分解、清扫、测量、给油组装，熟练指出各零部件名称及配合关系，并能准确判断故障、正确提出施修方案。

学习目标

1. 知识目标

（1）F8 型分配阀的检修；

（2）F8 型分配阀故障原因分析。

F8 型分配阀检修

2. 能力目标

（1）具备车辆乘务员应急故障处理能力；

（2）具备制动钳工岗位专业技能。

3. 素质目标

（1）安全第一、预防为主、严规细操；

（2）协作意识、环保意识、节约意识。

任务书

学习小组记录单

F8 型分配阀检修

日期		地点		课时	
案例					
引导问题					

小组成员及分工

	姓名	任务分配	备注
组长			
组员			

引导问题解答：

1.

2.

3.

一、设备与工具

双头呆扳手；活动扳子；有条件可准备电动扳手（PIB-12 型）或手枪柄风扳手（QB16 型）；内六角扳手；克丝钳；尖嘴钳；一字螺钉旋具（螺丝刀）；圆头锤；镊子；台虎钳；孔用挡圈钳；管子钳。

二、工作前安全要求

按规定穿戴好防护用品，严禁穿拖鞋、高跟鞋；检查风源压力符合 650 ~ 750 kPa 的标准，试验台工作压力为 600 kPa，分配阀研磨机、零件清洗机等状态良好，各种样板、量具齐全，检定不过期。

三、分配阀检修工艺

（一）分　解

1. 主阀（见图 3-1-1 及表 3-1-1）

（1）主活塞部分。

拆下主阀体 1 和主阀下体 36 之间 4 个 M12 连接螺栓 77 和螺母 78，将主阀上、下部分开，取下胶垫 55、大胶垫 56 及制动弹簧 38。对使用时间较长的主阀，大膜板 21 有时会粘在上体上，这时可将专用工具 1 插入大膜板与主阀体之间，取出主活塞（切勿戳破大膜板）。将主活塞夹在台虎钳上（不可夹阀杆部位），松开主活塞一侧的压紧螺母 39。取出缓解柱塞 23 和 O 形圈 15、13，但缓解柱塞 23 上的硬心 40 不可取下。用内六角扳手依次松开大活塞压板 22 上的 8 个 M6 压紧螺钉 69，将主活塞 20 及压板 22 分开，取出大膜板 21。

（2）中体部分。

用专用工具 2 或内六角扳手松开中体组成 19 上的 3 个 M8 内六角螺钉 71，将中体组成 19 从主阀体 1 中取出。取下胶垫 55，拔出顶杆 42，用钢丝小心地将中体组成 19 内的 O 形圈 41 取出（不要戳坏 O 形圈）。

（3）小活塞部分。

卸下中体后，用专用工具 1 插入小膜板与主阀体之间，将小活塞取出，然后将小活塞夹在台虎钳上（不可夹阀杆部位），拆下压帽 14 及主阀杆 12 和 O 形圈 15、13 将小活塞 18 和压板 16 分开，取出小膜板 17。

（4）主阀上盖部分。

拆下主阀上盖 4 上 4 个 M10 螺母 74，卸下主阀上盖组成 4，取出平衡阀弹簧 7、平衡阀 5 及导杆 10 等。用尖嘴钳拉直销 9，取出固定销 8，将平衡阀 5 和导杆 10 分开，然后取出 O 形圈 6；同时取出止回阀簧 80 和止回阀 27 等：用螺丝刀卸下 M5 螺钉 72，将止回阀胶垫 26 从止回阀 27 中取出；用螺丝刀卸下缩孔堵（Ⅱ）46。止回阀套 45 根据情况可不拆下；最后可卸下主阀上盖上的螺堵 11 及 O 形圈（注：老结构无此圈）。

注意：①卸下主阀上盖组成 4 后，切勿丢失平衡阀弹簧 7 及止回阀簧 80；②拆下的销 9 和固定销 8 要注意保管，切勿丢失。如销 9 损坏，更换新销（用 $\phi 1\times 14$ 磷铜丝）；③卸缩孔堵（Ⅱ）46 时不要碰坏阀口。

（5）限压阀部分。

拆下防尘螺母 47，用螺丝刀松开限压阀上方的调整螺钉 75，完全放松限压阀弹簧 50，拆下两个 M8 紧固螺母 67，卸下限压阀盖 48，取出弹簧托 49、限压阀弹簧 50 和限压阀 53。用专用工具 3 旋入限压阀套 51 下部螺孔，向上拔出限压阀套 51，取下限压阀 53 及限压阀套 51 上的 O 形圈 15 和 52，用螺丝刀卸下阀体上的大缩孔堵 54。

（6）充气阀部分。

拆下充气阀盖 64 上的 4 个 M8 螺母 67，取下充气阀盖 64、胶垫 55、充气阀活塞和充气阀弹簧 61。将充气阀活塞夹在台虎钳上（不可夹阀杆部位），松开紧固螺母 82，将膜板托 65、压板 62 和充气柱塞 59 分离，取出充气阀膜板 63 及充气柱塞 59 上的 O 形圈 13。

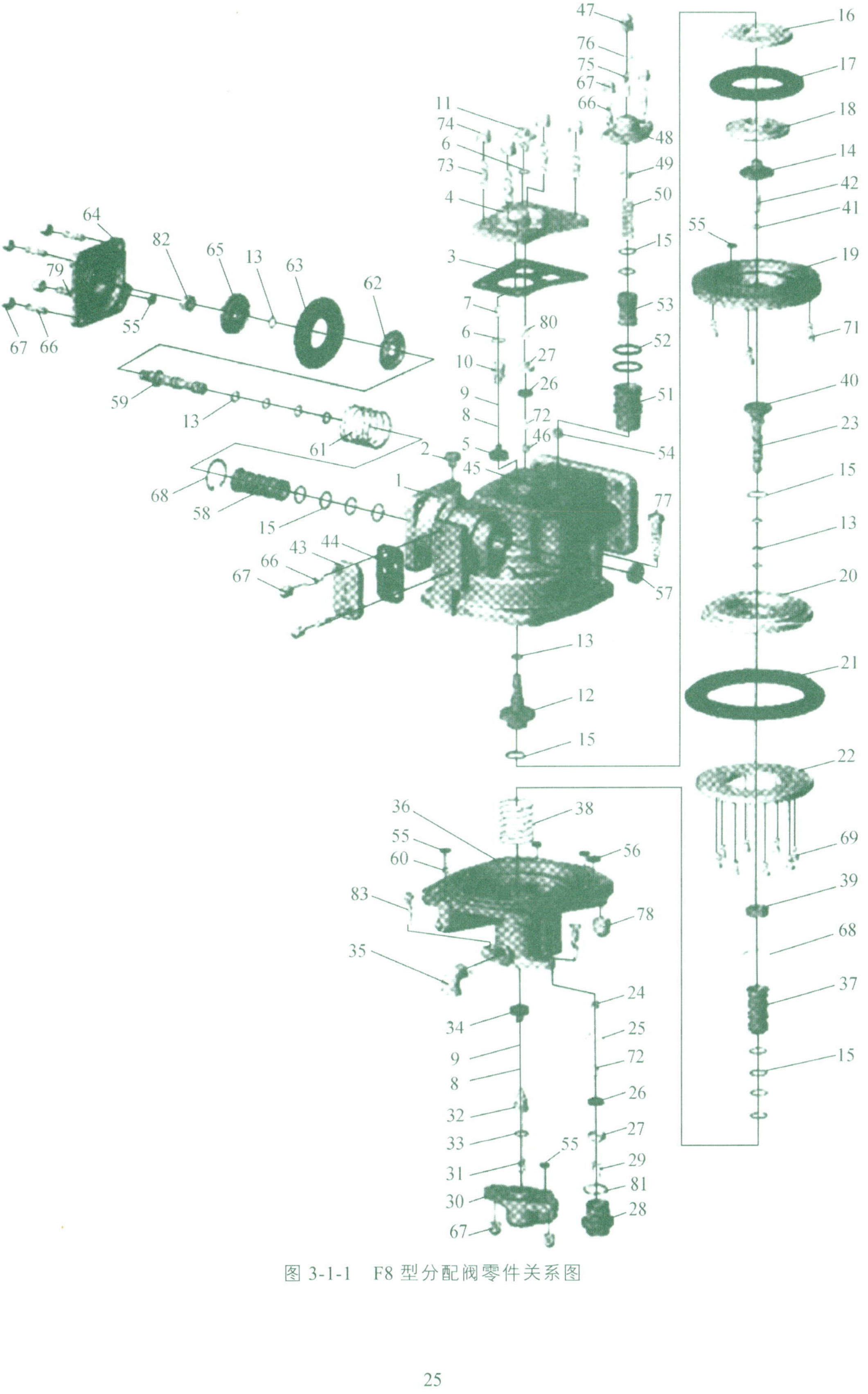

图 3-1-1　F8 型分配阀零件关系图

表 3-1-1 主阀零件

件号	名称	数量	件号	名称	数量	件号	名 称	数量
1	主阀体组成	1	29	止回阀弹簧	1	57	排气罩	1
2	排气罩	1	30	缓解阀盖组成	1	58	充气阀套	1
3	主阀上盖垫	1	31	保压弹簧	1	59	充气柱塞	1
4	主阀上盖组成	1	32	导杆（缓解阀）	1	60	缩孔堵 M8	1
5	平衡阀	1	33	O 形圈 16×2.25	1	61	充气阀弹簧	1
6	O 形圈 20×2.25	2	34	缓解阀组成	1	62	压板	1
7	平衡阀弹簧	1	35	排风弯头	1	63	充气阀膜板 84	1
8	销 1×14	2	36	主阀下体组成	1	64	充气阀益	1
9	固定销	2	37	局减阀套	1	65	模板托	1
10	导杆（平衡阀）	1	38	制动弹簧	1	66	螺柱 M8×20	5
11	螺堵	1	39	螺母	1	67	螺母 M8	8
12	主阀杆	1	40	硬心	1	68	挡圈 28	2
13	O 形圈 14×2.25	9	41	O 形圈 12×1.75	1	69	螺柱 M6×12	8
14	压帽	1	42	顶杆	1	70	螺堵 R1/4	1
15	O 形圈 24×2.25	12	43	转换盖板	1	71	螺钉 M8×14	3
16	压板	1	44	转换盖垫	1	72	螺钉 M5×8	2
17	小膜板 109	1	45	止回阀套	1	73	螺柱 M10×20	4
18	小活塞	1	46	缩孔堵（Ⅱ）	1	74	螺母 M10	4
19	中体组成	1	47	螺母	1	75	螺钉 M8×30	1
20	大活塞	1	48	限压阀盖	1	76	螺母 M8	1
21	大膜板 166	1	49	弹簧托	1	77	螺栓 M12×45	4
22	压板	1	50	限压阀弹簧	1	78	螺母 M12	4
23	缓解柱塞	1	51	限压阀套	1	79	螺柱 M8×30	1
24	缩孔堵（Ⅰ）	1	52	O 形圈 20×2.25	2	80	止回阀弹簧	1
25	弹簧挡圈	1	53	限压阀	1	81	O 形圈 26.5×2.65	1
26	止回阀胶垫	2	54	大缩孔堵	1	82	螺母 M12	1
27	止回阀	2	55	胶垫	6	83	螺栓 M8×30	2
28	螺盖	1	56	大胶垫	1			

用专用工具 4，将 ϕ13 一端轻轻插入充气阀套 58 内，向后轻轻打下充气阀尾部的排气罩 57，用“孔用挡圈钳”取出充气阀套 58 前部的挡圈 68，再用专用工具 4，将 ϕ23 一端从尾部向前顶出充气阀套 58，并拆下上面的 O 形圈 15。

（7）换盖板部分。

拆下转换盖板 43 上的两个 M8 螺母 67，取下转换盖板 43 和转换盖垫 44。

（8）缓解阀部分。

拆下缓解阀盖 30 上的两个紧固螺栓 83 和螺母 67，卸下缓解阀盖组成 30，取出胶垫 55，缓解阀 34、导杆 32 及保压弹簧 31，用尖嘴钳拉直销 9，取出固定销 8，将缓解阀 34 和导杆 32 分开，然后取出 O 形圈 33。

注意：① 卸下缓解阀盖 30 组成后，切勿丢失保压弹簧 31；② 拆下的销 9 和固定销 8 要注意保管好，切勿丢失。如销 9 损坏，更换新销（用 $\phi 1 \times 14$ 磷铜丝）。

（9）局减阀套部分。

用“孔用挡圈钳”取出局减阀套 37 前部的挡圈 68，再用专用工具 5 从下（阀套阀口部位）向上顶出局减阀套 37，并拆下上面的 O 形圈 15，注意：顶局减阀套时不要碰伤下部的阀口。

（10）局减阀部分。

卸下局减止回阀螺盖 28，取下 O 形圈 81（注：老结构无此圈），用尖嘴钳取下弹簧挡圈 25 后，将螺盖 28 内部的止回阀 27 和止回阀弹簧 29 取出，用螺丝刀松开 M5 螺钉 72，将止回阀胶垫 26 从止回阀 27 中取出。用螺丝刀卸下缩孔堵（Ⅰ）24。注意：不要碰坏阀口。

从主阀下体取下 3 个胶垫 55 和一个大胶垫 56，并用螺丝刀取出主阀下体组成 36 上的缩孔堵 60。

2. 辅助阀（见图 3-1-2 及表 3-1-2）

（1）辅助阀活塞部分。

拆下辅助阀体 1 和辅助阀上盖 7 之间 4 个 M12 连接螺栓和螺母 27，将辅助阀上、下部分开，取出两个胶垫 2。用专用工具 1 插入辅助阀膜板 3 和辅助阀上盖之间，取出辅助阀活塞。

注意：切勿戳破辅助阀膜板。将辅助阀活塞上的螺母 25 夹在台虎钳上，松开压紧螺母 25，将活塞压板 4、辅助阀活塞 5 和辅助阀杆 8 分离，取下辅助阀膜板 3 和辅助阀杆 8 上的 O 形圈 6 和 9。触头 21 不要拆卸下来。

（2）辅助阀上盖部分。

用螺丝刀卸下辅助阀上盖 7 上的常用排风堵 12 和紧急排风堵 13。用“孔用挡圈钳”取下辅助阀套 11 前的挡圈 24，从辅助阀上盖 7 顶部向下推出辅助阀套 11，并取下上面的 O 形圈 10。

（3）放风阀部分。

将辅助阀体 1 夹在台虎钳上，卸下放风阀螺盖 18，用尖嘴钳取下弹簧挡圈 22 后，将螺盖 18 内的放风阀弹簧 17 和放风阀 15 取出，用螺丝刀松开放风阀胶垫螺帽 19，取出放风阀胶垫 20，同时取下 O 形圈 16。

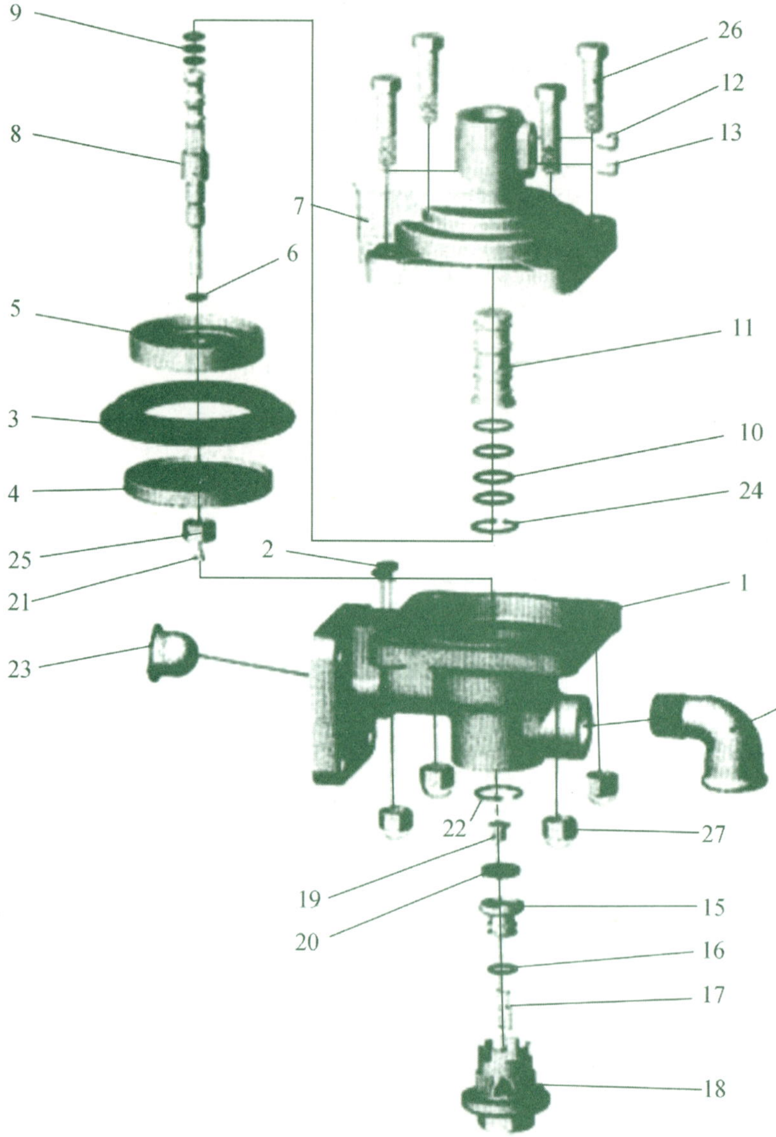

图 3-1-2　F8 分配阀辅助零件关系图

表 3-1-2　辅助阀零件

件号	名　称	数量	件号	名　称	数量
1	辅助阀体组成	1	15	放风阀	1
2	胶垫	2	16	O形圈 18×2.25	1
3	辅助阀膜板	1	17	放风阀弹簧	1
4	活塞压板	1	18	螺盖	1
5	辅助阀活塞	1	19	放风阀胶垫螺帽	1
6	O形圈 12×1.75	1	20	放风阀胶垫	1
7	辅助阀上盖	1	21	触头	1

续表

件号	名　称	数量	件号	名　称	数量
8	辅助阀杆	1	22	弹簧挡圈	1
9	O 形圈 14×2.25	3	23	滤尘网	1
10	O 形圈 24×2.25	4	24	挡圈 28	1
11	辅助阀套	1	25	螺母 M12	1
12	常用制动排气堵	1	26	螺栓 M12×45	4
13	紧急制动排气堵	1	27	螺母 M12	4
14	放风弩头	1			

3. 中间体（见图 3-1-3 及表 3-1-3）

用专用工具 6 拆下螺盖 4，从中间体内将两个防尘垫 2 及滤尘器 3 取出。用活动扳手卸下 5 个 *R*3/4 工艺螺堵 6。用螺丝刀卸下制动缸限制堵 5（注：只有装设空重车调整阀的车辆具有）。

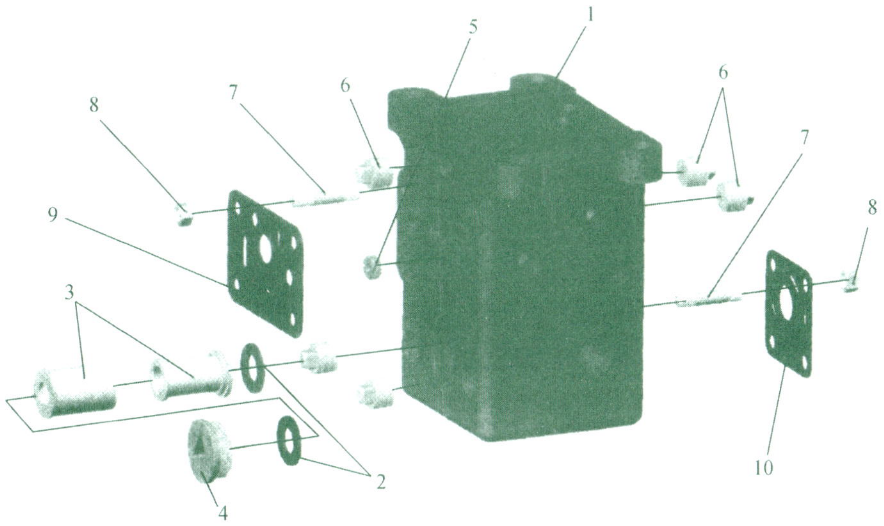

图 3-1-3　F8 型分配阀中间体零件关系图

表 3-1-3　中间体零件

件号	名　称	数量	件号	名　称	数量
1	中间体	1	6	螺堵 *R*3/4	5
2	防尘垫	2	7	螺柱 M12×30	8
3	滤尘器	1	8	螺母 M12	8
4	螺盖	1	9	主阀垫	1
5	制动缸限制堵	1	10	辅助垫	1

（二）清　洗

1. 清洗要求

所有零件（橡胶件除外）都必须用规定的方法清洗，要求去除油脂、锈斑，而不损伤零件及表面涂层（氧化或涂镀层）。所有零件在清洗后都必须用压力空气吹干。

清洗剂允许使用 761 金属清洗剂或 8501 常温低泡清洗剂，而不允许用汽油、橡胶水等对橡胶件有害的溶剂作为清洗剂。

2. 清洗方法

采用专用清洗机进行清洗。

（1）对具有较复杂气路的铸件。

① 先加热清洗剂。

② 当清洗剂温度达到（80 + 10）°C 时，冲洗内部气路 5 ~ 10 min。

③ 将已冲洗过内部气路的工件再清洗一个行程。

④ 取下工件，用高压风吹干。

（2）铜、铝及其他小件。

① 将工件放入塑料箱或铁箱内（侧面及底部带孔，但不可将工件漏下）。

② 将装有工件的箱子放入清洗槽隔板里浸泡 5 min。

③ 用毛刷、棉布依次刷洗工件的内外表面。

④ 工件全部洗净后，将工件箱放在清洗槽上面的梳板上将水沥净。

⑤ 清洗后的工件用高压风吹干。

（三）检　修

各零部件都必须在清洗后进行检查。

（1）各铸件不得有裂纹、损伤，安装面无划伤及碰伤。

（2）各套内孔面及其他活动摩擦表面不得存在划伤、过量磨耗或锈蚀。

（3）各阀口、导杆的导面应无伤痕及毛刺。

（4）各弹簧不能有折损、锈蚀、变形或衰弱。

（5）各橡胶件不能存在膨胀、开胶、磨耗过限、破损及老化变质现象，与阀口接触的胶垫表面印痕深度不宜过深。

（6）各缩孔堵中心孔须用钢钎或相应孔径钻头进行疏通，不得出现堵塞现象。同时注意防止孔径扩大，影响作用性能。

（7）其他金属部件不得存在碰伤、变形和裂纹。

（8）滤尘器及滤尘网的丝网不得破裂及严重锈蚀。

（9）各螺纹须无滑扣及过大损伤。

（10）各紧固件不应有滑扣、锈蚀严重或变形等现象。

（四）组　装

组装前，对所有零件进行检查，如发现有不符合要求的零件，必须予以更换或修复后才能使用。组装时，所有零件都必须容易地装配在一起，决不可强行装配，否则会造成阀的损坏或故障。各零件不得错装或漏装。各膜板组装时，必须确认其边缘完全嵌入阀体槽内，以防压伤膜板，所有弹簧都应放置平稳，正确定位，该入槽的必须入槽。紧固各部位螺钉、螺母时，要注意均匀拧紧，以防出现漏泄及损伤零件等情况。装入各阀套时要用力柔和，切不可硬压硬砸，否则会造成 O 形圈的损伤，引起漏泄。同时各套要到位，各挡圈应完全入槽。各缩孔堵如无特殊要求，不可涂密封材料，旋入阀体时切忌用力过大，造成螺纹损坏并影响下次拆卸，各橡胶 O 形圈在装入槽后需在其表面及周围抹适量的润滑脂，然后再装入阀套或体内。组装活塞时，首先在活塞上膜板嵌槽内涂少量油脂，然后装上膜板压紧固定。除膜板周边可抹少量油脂外，其他部位不许涂抹油脂。

各部件组装好后，再进行各阀部组装。组装时按前面所述之分解步骤相反顺序进行。

各部组装时的注意事项：

1. 主阀（参见图 3-1-1）

（1）主活塞。

① 大膜板切勿装错或装反。

② 大活塞压板 22 上的 8 个 M6 螺钉需均匀上紧，防止由于用力不均匀而产生漏泄。

③ 主活塞与缓解柱塞组装时，切勿漏装 O 形圈 15。

④ 主活塞压紧螺母 39 一定要上紧。

（2）小活塞。

① 小膜板切勿装错或装反。

② 主阀杆 12 下部与小活塞 18 间的密封圈不可漏装。

③ 注意将压帽 14 上紧。

（3）中体。

① 橡胶密封胶垫 55 及 O 形圈 41 不可漏装或少装。

② 中体与阀体各气路对正。

③ 3 个 M8 内六角螺钉 71 需均匀上紧，以防产生漏泄。

（4）充气阀。

① 充气阀膜板切勿装反。

② 充气阀膜板托 65 与充气柱塞 59 间的 O 形圈 13 不可漏装或少装。

③ 充气柱塞 59 上部的紧固螺母 82 一定要上紧。

④ 充气阀弹簧 61 应装在阀体内部一侧，切勿装在充气阀盖一侧。

⑤ 充气阀盖上的胶垫 55 切勿漏装。

（5）平衡阀和缓解阀。

① 平衡阀 5 或缓解阀 34 分别与导杆 10 或 32 组装时，不要漏装固定销 9 或销 8。

② 平衡阀 5 或缓解阀 34 组装后，以销为轴，在一定角度内应与各自的导杆相对摆动自如，而另一方向可略微摇动（新结构则以中心轴线为轴，可向四周均匀摆动 20°左右），切不可过紧而卡死。

（6）止回阀部分。

① 用螺钉 72 紧固止回阀胶垫 26 时，不可用力过大，使胶垫变形。

② 止回阀螺盖 28 旋入主阀体前需在螺盖螺纹处涂抹密封材料（如盖与体间有密封圈时，可不必涂抹密封材料）。

（7）主阀上盖部分。

① 应先装入止回阀 27，而止回阀弹簧 29 待主阀上盖 4 紧固后，从止回阀上部孔装入，然后在螺堵 11 螺纹处涂抹密封材料（如堵与体之间有密封圈时可不必涂抹密封材料）。最后将螺堵 11 旋入主阀上盖 4 内并紧固。

② 组装平衡阀部分时，可用手或螺丝刀顶住平衡阀导杆 10 下部，将主阀上盖 4 上 4 个螺柱孔与体上 4 个螺柱 73 对正，轻轻压下主阀上盖，抽出手或螺丝刀，拧紧 4 个螺母 74。

③ 新结构的主阀上盖组装，应先将已组装好的平衡阀组成及平衡阀弹簧 7 放入主阀上盖中，用手轻轻压下平衡阀，然后在主阀上盖台阶处穿入两根固定销（注意：销不宜过长或过短，以两端正好不露出为宜），再放开手，然后将上盖组成上的 4 个螺柱孔与体上 4 个螺柱 73 对正，压下主阀上盖，拧紧 4 个螺母。

（8）限压阀部分。

① 切勿漏装或装反弹簧托 49。

② 待试验时将限压阀压力调定后，再紧固锁紧螺母 76，最后装上防尘螺母 47。

（9）主阀体与主阀下体。

先将制动弹簧 38 放入主阀下体 36 制动弹簧的槽穴中，然后放入主活塞组成。

（10）排气罩。

排气罩 57 一般等试验完毕后再装，装排气罩时注意将该罩下部槽对正阀体上小孔。如阀体此处无小孔（此孔后改在外面），则将槽向下装入即可。

（11）主阀组装后几个主要参考尺寸。

组装误差是各组装零件公差的积累，组装误差又直接影响到该阀的正确动作，为保证组装质量，这里提供如下主要部位的组装尺寸，供组装时参考，亦可作故障判断时参考，但不作为组装时的要求，更不是检查验收的依据。

① 平衡阀部位（图 3-1-4）；

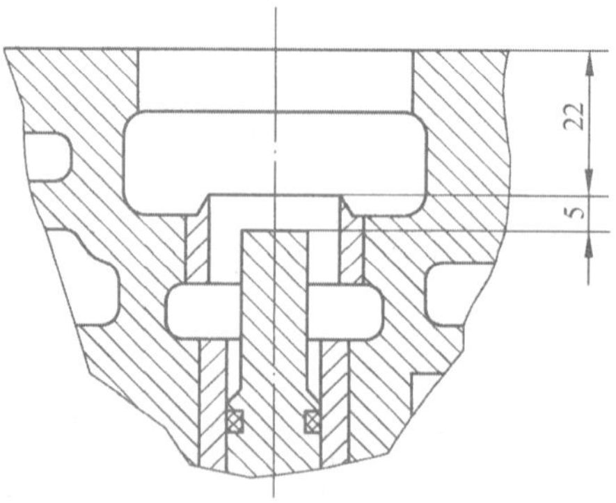

图 3-1-4　主阀平衡阀部位参考尺寸（缓解位）

② 缓解阀部位（图 3-1-5）；

③ 副风缸充气止回阀部位（图 3-1-6）。

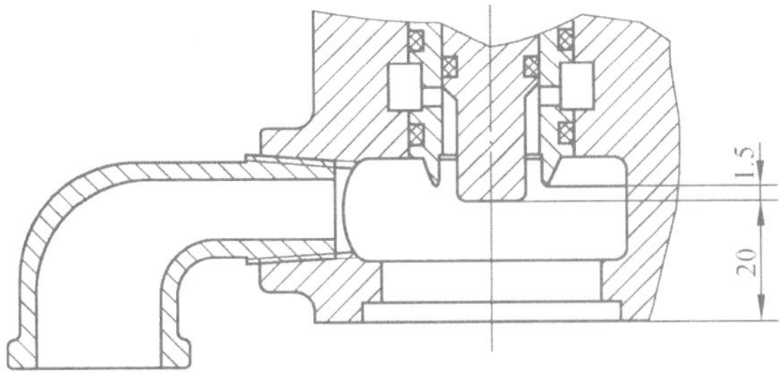

图 3-1-5　主阀缓解阀部位参考尺寸（缓解位）

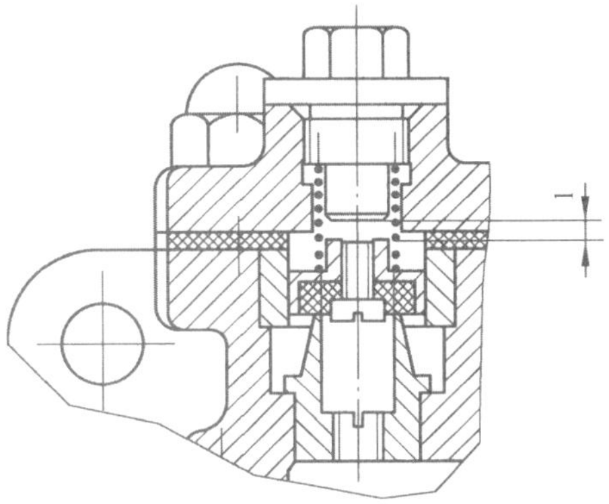

图 3-1-6　副风缸充气止回阀部位参考尺寸

2. 辅助阀（参见图 3-1-2）

（1）辅助阀活塞。

① 辅助阀膜板 3 切勿装反。

② 辅助阀杆 8 与辅助阀活塞 5 之间的密封 O 形圈 6 切勿漏装。

③ 膜板紧固螺母 25 一定要上紧。

④ 检查阀杆下端的触头 21 是否紧固。

（2）常用排风堵和紧急排风堵。注意：上面为孔径ϕ1.2 的常用排风堵 12，下面为孔径为ϕ1.5 的紧急排风堵 13，切不可装错。

（3）放风阀。

① 紧固放风阀胶垫螺帽 19 时不可用力过大，以防胶垫变形。

② 放风阀 15 上 O 形圈 16 不可漏装。

③ 放风阀弹簧 17 不可漏装或错装。

④ 放风阀螺盖 18 旋入辅助阀体 1 前不需涂抹任何密封材料。

（4）辅助阀体与上盖组装。

① 切勿漏装胶垫 2 和滤尘网 23。

① 4 个连续螺栓 25 穿入方向要正确（从上向下穿入）。

3. 中间体（管座）（参见图 3-1-3）

（1）滤尘器内外圈方向不要装错。

（2）两个防尘垫 2 不要漏装或装错。

（3）装滤尘器前部螺盖 4 和工艺螺堵 6 时，应先涂抹密封材料，再旋入中间体 1 内。

（五）机能试验

1. F8 型阀的主阀试验（参见图 3-1-7）

（1）试验准备。

① 接通电源开关，将电压调至 DC 110 V，开风门 F1。

② 确认风源（总风缸）压力应在 650 kPa 以上，将试验台的工作压力调整到 600 kPa。

③ 将主阀上的转换盖板置“一次性缓解位（箭头朝上）”。关控制阀 K1，将主阀卡紧在主阀安装管座上。开风门 F2、1、2、3、4、13（按下控制箱上的开关，指示灯亮时表示开风门，反之为关风门），关其他风门。将操纵阀手把置Ⅰ位。

④ 用肥皂水检查阀体与试验体结合部位，不允许有漏泄。

⑤ 将操纵阀手把在Ⅰ位至Ⅶ位间往复移动 2～3 次后，再置Ⅰ位。待制动管、副风缸、压力风缸充至定压并稳定后，将操纵阀手把移至Ⅶ位。打开 5 号风门，调整 F8 主阀的限压阀，限制压力调整为（420 ± 10）kPa（也可根据需要将限制压力调整为（480 ± 10）kPa），调整完毕后关闭 5 号风门。然后，将操纵阀手把置Ⅰ位。要求主阀各部性能正常。

（2）缓解位漏泄试验。

将操纵阀手把置Ⅰ位充气，待制动管，副风缸，压力风缸充至规定压力并稳定后，关闭风门 3。

① 用转子流量计检查缓解排风口、充气阀尾部及侧面小孔的漏泄。要求：流量不得大于 160 mL/min。

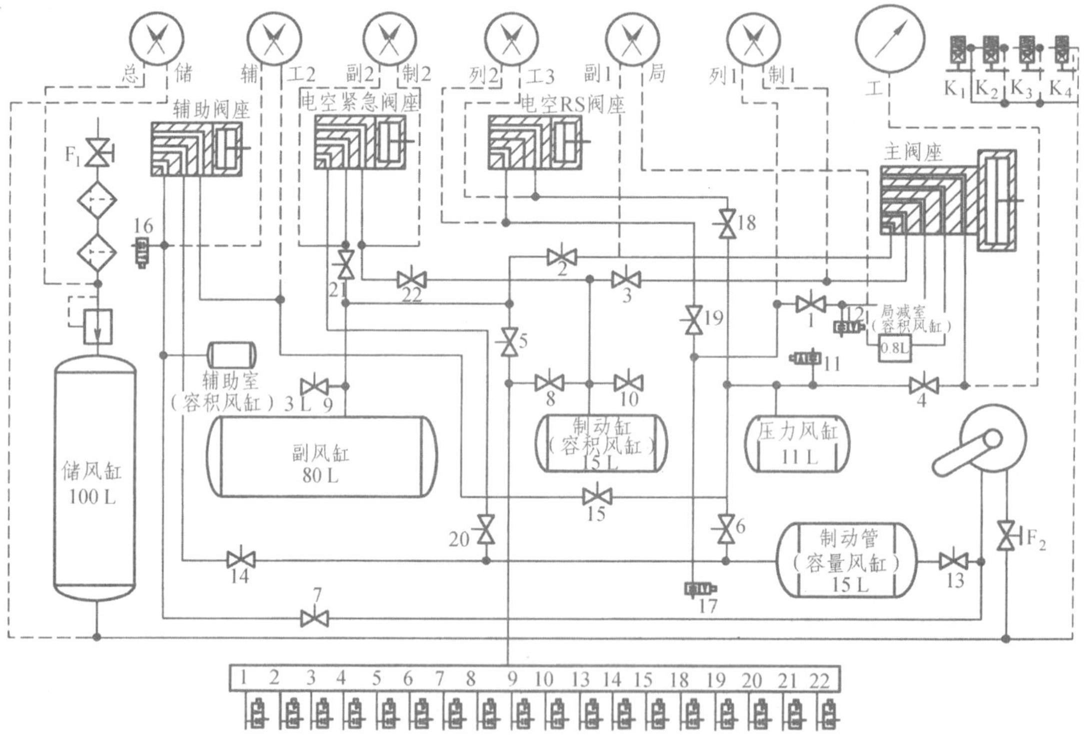

图 3-1-7　F 型电控试验台的空气作用原理

② 用肥皂水检查主阀阀体各结合部。要求：不得有漏泄。

试毕开风门 3。

（3）制动保压位漏泄试验。

将操纵阀手把由Ⅰ位移至Ⅵ位，待制动管减压 150 kPa 时，手把置Ⅲ位保压 5～8 s 后移至Ⅳ位，减压量达到 170 kPa 后，手把移至Ⅲ位保压。

① 用流量计检查缓解排气口、充气阀尾部及侧面小孔的漏泄。要求：流量不得大于 240 mL/min。

② 用肥皂水检查充气阀上部螺帽小孔、充气阀上盖小孔、充气阀盖、局减阀盖结合部。要求：不得有漏泄。

（4）紧急制动位漏泄试验。

将操纵阀手把由Ⅲ位移至Ⅶ位。待列车管压缩空气排尽后，关闭风门 1，开风门 12。

① 用流量计检查漏泄风门 12 的排气口。要求：流量不得大于 160 mL/min。

② 用流量计检查缓解排气口。要求：流量不得大于 240 mL/min。

试验完毕，关闭风门 12，开放风门 1。

（5）初充气试验。

开风门 9、10、11，待副风缸、制动缸、压力风缸压缩空气排尽后，关闭风门 9、10、11。将操纵阀手把置Ⅰ位。要求：

① 压力风缸压力由 0 升至 500 kPa 的时间应为 45 ~ 60 s，且压力风缸压力可继续充至 600 kPa。

② 副风缸压力由 0 升至 500 kPa 的时间应为 65 ~ 95 s，且副风缸压力可继续充至 560 kPa 以上。

（6）制动和缓解灵敏度试验。

将操纵阀手把置Ⅰ位充气，待制动管、压力风缸、副风缸充至定压后，手把移至Ⅴ位，制动管减压 40 kPa 后，手把移至Ⅲ位保压 1 min，然后手把再移至Ⅱ位充气缓解。要求：

① 制动管减压 20 kPa 前应产生局减作用，减压 40 kPa 前应产生制动作用。制动缸压力不得高于 140 kPa。

② 局减室升至最高压力的时间应为 1 ~ 2 s。

③ 制动后保压 1 min 不得发生自然缓解。

④ 将操纵阀手把移至Ⅱ位后，15 s 内应开始缓解。

⑤ 制动缸压力降至 30 kPa 后，局减室应开始排气，在 15 s 内应排至 40 kPa 以下。

（7）常用制动试验。

① 制动缸自动补风试验。

将操纵阀手把置Ⅰ位充气，待制动管、压力风缸、副风缸充至定压后，手把移至Ⅵ位。当制动缸压力升至 200 kPa 时，将手把移至Ⅲ位保压。然后开风门 10，待制动缸压力下降 30 kPa 时，关闭风门 10。观察制动缸压力的变化情况。

要求：制动缸应能自动补风。

② 局减止回阀漏泄试验。

将操纵阀手把移至Ⅵ位，使制动管继续减压 200 kPa 后，手把移至Ⅲ位保压。观察局减室的压力变化情况。

要求：局减室压力稳定后不得下降。

（8）稳定性试验。

将操纵阀手把置Ⅰ位充气，待制动管、压力风缸、副风缸充至定压后，手把移至Ⅲ位，开风门 17，列车管减压 1 min 后，关闭风门 17。

要求：不得发生局减和制动作用。

（9）常用全制动及缓解试验。

打开风门 5，将操纵阀手把置Ⅰ位充气，待制动管、压力风缸、副风缸充至定压后，手把移至Ⅵ位，制动管减压 150 kPa 时，手把移至Ⅲ位停留 5 ~ 8 s 后，手把移回Ⅳ位，待制动管减压达到 170 kPa 时，手把移至 3 位保压。90 s 后将手把移至Ⅰ位。要求：

① 制动缸压力由 0 升至最高压力的时间应为 3.5 ~ 5.5 s。

② 制动后保压 90 s（检修品 60 s）不得发生自然缓解。

③ 制动缸压力由最高压力降至 40 kPa 的时间应为 6 ~ 10 s。

（10）一次性缓解试验。

将操纵阀手把置Ⅶ位，待制动管压缩空气排尽后。操纵阀手把置Ⅰ位充气，待制动管、压力风缸、副风缸充至定压后，手把移至Ⅵ位，制动管减压 150 kPa 时，手把移至Ⅲ位停留 5 ~ 8 s 后，手把移回Ⅴ位，制动管减压 170 kPa 后，手把再移至Ⅱ位。待形成缓解（缓解排气口开始排气）时，立即将手把移至Ⅲ位保压。观察制动缸压力表及缓解排气口。

要求：开始缓解后，制动缸压力应能保持连续不断地下将到 0。

（11）阶段缓解试验。

将操纵阀手把置Ⅶ位，待列车管压缩空气排尽后，把转换盖板调换到“阶段缓解位（箭头朝下，注意不要调换胶垫方向）”。然后将操纵阀手把置Ⅰ位充气，待制动管、压力风缸、副风缸充至定压后，手把移至Ⅴ位，制动管减压 150 kPa 时，手把移至Ⅲ位停留 5 ~ 8 s 后，手把移回Ⅴ位，待制动管减压 170 kPa 后将手把移至Ⅰ位，待形成缓解（缓解排气口开始排气）时，立即将手把移至Ⅲ位。如此将手把在Ⅰ位和Ⅲ位之间快速往复移动，进行阶段缓解。

要求：阶段缓解次数应达到 5 次，并且制动缸空气压力最终能缓解到 0。

试毕，关闭风门 5。

（12）试验结束。

操纵阀手把置Ⅶ位，打开风门 9、10、11，待制动管、副风缸、制动缸和压力风缸的压缩空气排净后，开控制阀 K1，取下主阀。关闭风门 F1、F2，切断变压器电源开关，排净试验台各风缸的压缩空气。

注意：主阀上的转换盖板应根据实际需要最后放置在“阶段缓解位”或“一次性缓解位”。但新造出厂的 F8 型分配阀的主阀试验完毕后，必须将转换盖板置于“一次性缓解位（箭头朝上）”。

2. F8 型阀的辅助阀试验（参见图 3-1-7）

（1）试验准备。

接通变压器电源开关，将电压调整至 DC 110 V。开风门 F1，将试验台工作压力调整至 600 kPa。关控制阀 K4，将辅助阀卡紧在试验台的辅助阀安装座上。开风门 F2、6、13、14、15，关闭其他风门。操纵阀手把置Ⅰ位，待制动管、压力风缸、辅助室的压力到达定压后，关闭风门 6，操纵阀手把置Ⅶ位；待辅助室压缩空气排净后，打开风门 6，手把移至Ⅰ位。如此往复移动手把 2 ~ 3 次后，操纵阀手把置Ⅶ位。

（2）缓解位漏泄试验。

开风门 6，将操纵阀手把置一位充气，将制动管、压力风缸、辅助室充至定压 600 kPa。

① 用流量计检查紧急排风口。要求：流量不得大于 160 mL/min。

② 用肥皂水检查常用、紧急排气限制堵。要求：10 s 内肥皂泡直径不得大于 20 mm。

③ 用肥皂水检查辅助阀各结合部。要求：不得有漏泄。

（3）制动位漏泄试验。

关风门 6，将操纵阀手把置一位充气，待制动管、压力风缸、辅助室充至定压后，手把移至Ⅵ位，制动管减压 150 kPa 时，手把移至Ⅲ位停留 5 ~ 8 s 后，手把移回Ⅳ位，待制动管减压 200 kPa 后，手把移至Ⅲ位保压。关闭风门 13、15，压力稳定后进行下列各项。

① 用流量计检查紧急排风口。要求：流量不得大于 160 mL/min。

② 用肥皂水检查常用和紧急排气堵。要求：10 s 内肥皂泡直径不得大于 20 mm（注意：残留空气排净后才可以测试）。

③ 观察压力风缸压力表。要求 1 min 内压力下降不得大于 10 kPa。

试验完毕，打开风门 13、15。

（4）充气试验。

操纵阀手把置Ⅶ位，开风门 11、16，将制动管、压力风缸、辅助室的压缩空气排净后，关闭风门 11、16，开风门 6，操纵阀手把置Ⅰ位。测辅助室充气时间。

要求：辅助室空气压力由 0 升至 500 kPa 的时间为 10 ~ 15 s，并能继续充至 600 kPa。

（5）安定性及常用制动转紧急制动试验。

① 开风门 6，将操纵阀手把置Ⅰ位充气，待制动管、压力风缸、辅助室充至定压 600 kPa 后，关闭风门 6，手把移至Ⅵ位，制动管减压 170 kPa 后，手把移至Ⅲ位保压。

要求：辅助阀不得发生紧急放风作用。

② 操纵阀手把移至Ⅶ位，观察是否能转紧急制动。

要求：辅助阀能发生紧急放风作用。

（6）紧急灵敏度试验。

开风门 6，操纵阀手把置Ⅰ位充气，待制动管、压力风缸、辅助室充至定压后，关闭风门 6，手把移至 7 位。

要求：制动管减压在 80 ~ 120 kPa 内辅助阀发生紧急放风作用；辅助室压缩空气通过常用、紧急限制堵排向大气，辅助室压力降至 40 kPa 的时间应在 10 ~ 15 s 以内。

（7）加速缓解作用试验。

开风门 6，将操纵阀手把置Ⅰ位充气，待制动管、压力风缸、辅助室充至定压后，关闭风门 6。再将操纵阀手把移至Ⅵ位，制动管减压 200 kPa 后手把移至Ⅰ位。观察压力风缸的压力变化。

要求：制动管压力上升至 600 kPa 时，压力风缸的压力应下降 25 kPa 以上。

（8）试验结束。

操纵阀手把置Ⅶ位，开风门 11、16，将制动管、压力风缸、辅助室的压缩空气排净后，开控制阀 K4，取下辅助阀。关 F1、F2，切断变压器电源开关，排净试验台各风缸的压缩空气。

3. F8 阀的紧急电空阀试验（参见图 3-1-7）

（1）试验准备。

接通电源开关，将电压调整至 AC 110 V，开风门 F1，总风缸压力大于 650 kPa 时，将试验台的工作压力调整至 600 kPa。关控制阀 K2，将紧急电空阀及阀座卡紧在紧急电空阀安装座上、关 K4，将辅助阀卡紧在辅助阀安装座上。开风门 F2、13、20、21、22，关闭其他风门。将电空转换开关放在“手动”位置，按要求连接电磁阀的电线。

（2）缓解位漏泄试验。

开风门 5。操纵阀手把置Ⅰ位，待列 1、副 2 的压力达到定压 600 kPa 后，开风门 8，当制 2 的压力达 60 kPa 时，关风门 8。

① 用肥皂水检查紧急电空阀的各连接部。要求：不得有漏泄。

② 用肥皂水检查电空阀座排风口。要求：10 s 内肥皂泡直径不得大于 20 mm。

③ 用肥皂水检查电空阀电磁阀座排风口。要求：10 s 内肥皂泡直径不得大于 20 mm。

④ 关风门 22，观察制 2 压力表。要求 1 min 内不得上升。

试验完毕，开风门 22。

（3）制动位漏泄试验。

开风门 10，待制 2 压力降为 0 后，关风门 10。关风门 5，将操纵阀手把置Ⅲ位，接通稳压电源上的“紧急”开关。检查放大阀上盖、限压阀下盖及各结合部。要求：不得有漏泄。

试验完毕，切断稳压电源上“紧急”开关，开风门 10，排净制动缸压缩空气后，关风门 10。

（4）紧急制动试验。

① 列车管排风试验。

打开风门 5，操纵阀手把置Ⅰ位，待制动管、副风缸压力充至定压 600 kPa 后，手把移至Ⅲ位，关闭风门 5。接通稳压电源上“紧急”开关。

要求：制动管压力由 600 kPa 降至 300 kPa 的时间不得大于 7.5 s。

试验完毕，切断稳压电源上“紧急”开关，开风门 10，排净制动缸压缩空气后，关风门 10。

② 制动缸限压值调整试验。

开风门 5，操纵阀手把置Ⅰ位，待制动管和副风缸充至定压后，手把置Ⅲ位，关风门 5，接通稳压电源上“紧急”开关。

观察限压瞬间的制动缸压力值。调整紧急限压阀螺杆，将制动缸限压瞬间压力值调至（460 ± 10）kPa 产生限压作用后，由于制动缸充气速度很快，制动缸压力有回落现象是正常的。

试验完毕，将限压阀调整螺杆用螺母锁紧，切断稳压电源上“紧急”开关，开风门 10，排净制 2 压缩空气后，关风门 10。

（5）试验结束。

将操纵阀手把置Ⅶ位，开风门 9、10，待制动管、副风缸、制动缸压缩空气排净后，开控制阀 K2，取下紧急电空阀。关风门 F1、F2，切断变压器电源开关，排净试验台各风缸的压缩空气。

（六）喷漆及喷涂标记

试验合格后，需在铸造表面涂以 C06-1 铁红醇酸底漆后，再喷以 C04-42 深灰色醇酸磁漆，但安装面、铭牌不得涂油漆，各小孔应加以防护。

（七）装运及存放

（1）当分配阀试验合格从试验台卸下时，应在安装面装防护罩，直至装车时，方可卸下防护罩。即使这样也还必须采用专门措施，避免安装时损伤零件并防止灰尘进入。

（2）分配阀如暂时不用，需存在库房内，库内温度保持在 – 15 ~ 35 °C，相对湿度不得高于 80%。当存放期超过半年再使用时，须重新试验，合格后方可装车使用。存放期超过 1 年需重新拆检组装，试验合格后方可装车使用。

表 3-1-4 压力表编号及用途

编号	简称	用途	
		黑针	红针
1	储/总	储风缸压力	总风缸压力
2	副 1/局	副风缸压力	局减（室）风缸压力
3	制 1/列 1	制动缸压力	制度管压力
4	工	压力风缸压力（单针显示）	
5	工 2/辅	压力风缸压力	辅助（室）风缸压力
6	副 2/制 2	制动缸压力	副风缸压力
7	列 2/制 2	压力风缸压力	制度管压力

表 3-1-5 各控制开关和风门编号及用途

编号	用途
K1	主阀风动卡具控制
K2	紧急电磁阀风动卡具控制
K3	电空 RS 阀（常用、缓解电磁阀）风动卡具控制
K4	辅助阀风动卡具控制
F1	总风源与试验台间的手动风门
F2	制动管与操纵阀间的手动风门
1	切断主阀安装管座与制动管容量风缸的通路
2	切断主阀安装管座与副风缸的通路
3	切断主阀安装管座与制动缸的通路
4	切断主阀安装管座与压力风缸的通路
5	向副风缸充气
6	向压力风缸充气
7	向辅助风缸充气
8	向制动缸充气
9	副风缸向大气排气
10	制动缸向大气排气
11	压力风缸向大气排气
12	制动管向大气排气
13	切断制动管风缸与操纵阀之间的通路

续表

编　号	用　途
14	切断辅助阀安装座与制动管风缸之间的通路
15	切断辅助阀安装座与压力风缸之间的通路
16	辅助阀快速排气
17	制动管慢排气
18	切断常用、缓解电磁阀座与压力风缸的通路
19	切断常用、缓解电磁阀座与制动管风缸的通路
20	切断紧急制动电磁阀座与制动管风缸的通路
21	切断紧急制动电磁阀座与副风缸的通路
22	切断紧急制动电磁阀座与制动缸的通路

职业能力评价表

班级		姓名		学号	
课程内容		日期		成绩	

1. 小组自评

（1）优点：

（2）不足：

2. 小组互评

小组成员	优点	不足

3. 教师指导评价

环节	序号	评价内容	评级		
			A	B	C
专业能力	1				
	2				
	3				
方法能力	4				
	5				
	6				
	7				
社会能力	8				
	9				
	10				
教师 综合评价					

课程名称	车辆制动系统	学习情境	三阀检修
班级		姓名	

学习情境四　三阀检修

学习情境描述

三阀（U5A 型空重车调整装置、高度调整阀、差压阀）是客车制动系统中的重要组成部件，其作用是协调空车和重车制动率相近，维持车体平稳及防止空气弹簧悬挂系统压差过大，确保旅客列车安全运行。能正确地进行三阀分解、清扫、测量、给油组装，熟练指出各零部件名称及配合关系，并能准确判断故障、正确提出施修方案。

学习目标

1. 知识目标

（1）三阀的检修；
（2）三阀故障原因分析。

2. 能力目标

（1）具备车辆乘务员应急故障处理能力；
（2）具备制动钳工岗位专业技能。

3. 素质目标

（1）安全第一、预防为主、严规细操；
（2）协作意识、环保意识、节约意识。

任务书

学习小组记录单

三阀检修

日期		地点		课时	
案例					
引导问题					

小组成员及分工

	姓名	任务分配	备注
组长			
组员			

引导问题解答：

1.

2.

3.

一、设备与工具

三阀试验台；肥皂水；扳手；螺丝刀；管子钳；高压冲洗机；检修工作台；起出器；尖嘴钳；镊子；力矩扳手；塞尺；卡簧钳；钢尺；钢针；秒表；清洗机；油封盖专用工具；风枪；铜锤；铜棒。

二、工作前安全要求

按规定穿戴好防护用品，严禁穿拖鞋、高跟鞋；检查风源压力符合 600 ~ 650 kPa 的标准，分配阀研磨机、零件清洗机等状态良好，各种样板、量具齐全，检定不过期。

三、U5A 空重车调整装置检修工艺

U5A 分解、组装过程

（一）分　解

（1）松开 4 个 M12 六角螺母，把空重阀组成和安装座垫分别从阀座上取下，并取下密封垫上的过滤网。

（2）卸下 5 个 M6 × 15 十字槽螺栓，从空重阀组成卸下侧盖和侧盖密封垫。

（3）松开并取下锁紧螺母，卸下测重弹簧盒。

（4）从滚轮推杆上卸下 M10 六角螺母。

（5）取出调节螺母上两个 4 × 24 弹性销，从弹簧推杆上取下调节螺母和滚轮推杆。

（6）从测重弹簧上取下调节螺套，取下测重弹簧、推力轴承、两个轴承圈和测重弹簧座。

（7）松开并卸下螺母，从阀体上取下测重弹簧腔。

（8）从阀体上将弹簧推杆和滚轮推杆、滚轮支架和滚轮取出。

（9）取出阀体上固定杠杆的两个销后，再取出上部杠杆、阀杆和包口跃升机构在内的下部杠杆。

（10）卸下 3 个 M10 的螺母，从体上取下测重皮膜腔。

（二）清　洗

（1）用于清洗零件的清洁剂必须是有机的脂肪溶液，如矿物酒精或矿物油，能溶解润滑剂及润滑脂，又不能损伤整个零件。

（2）在清洗液中清洗零件后，用清洁、干燥低压空气吹净。

（三）检　修

（1）更换所有裂纹、折断、过度划伤、损坏以及不能正常工作的零件。

（2）检查通路是否已清洗洁净、通畅。

（3）更换没有弹性、不能起安全作用的卡环。

（4）检查所有弹簧，锈蚀、扭曲、永久变形时更换。

（5）更换密封垫和皮膜，检查无压平凸棱、裂纹或划破的现象。

（6）检查并更换损坏的给排阀，O 形圈全部更换新品。如有必要，可以在 1 块中等粒度的金刚砂纸上来回整修橡胶阀。

（7）确认排风阀活塞的阀口和体上阀口无划伤和损坏。

（四）润　滑

（1）对所有 O 形圈、沟槽及其所在的腔体进行优质润滑。

（2）用二硫化钼润滑皮膜。

（3）各摩擦部分进行油脂润滑。

（五）组　装

（1）把皮膜装在先导作用活塞上，然后将这些装入阀体内，并且把皮膜的凸缘装入阀体上。

（2）将 O 形圈装在下盖上，并一起塞入体内，然后用 4 个 M10 螺母紧固，力矩为 1 700 N · cm。

（3）把两个 O 形圈装在法体的给排阀安装面上。

（4）将皮膜装在给排阀活塞上，然后一起放入阀体内，并把皮膜的凸缘装到阀体上。

（5）将弹簧放在排风阀活塞上。

（6）把 O 形圈放入给排阀腔中，然后一起装入阀体，紧固 3 个 M10 螺母，力矩为 1 700 N · cm。注意排风阀活塞要平滑活动。把皮膜及皮膜套装在给排阀上，并用卡环固定，注意要把卡环有倒棱的一侧向皮膜套，然后放入导套中，并把皮膜的凸缘装入导套上。阀芯要平滑运动。再把上述组件放入给排阀腔内，再把上盖盖上，用两个 M10 螺母紧固，力矩为 1 700 N · cm。

（7）把跃升弹簧和上步弹簧座放在下部弹簧座上，并把特制 M4 × 25 螺栓插入弹簧座中，用 M4 螺母紧固。

（8）把下部杠杆，两个套和两组跃升弹簧部件装在下部杠杆轴上，并用两个卡环固定。

（9）用销把上部杠杆装在阀体上，并在给排阀活塞和上部杠杆之间装入阀杆。

（10）用销把下部杠杆连同跃升弹簧部分装在阀体内，使导向螺栓的尖端放入上部杠杆的凹坑内。把测重弹簧腔装在阀体上，并用 4 个 M10 螺母紧固，力矩为 1 700 N · cm。

（11）在阀体内装入弹簧推杆和滚轮组成，并把弹簧推杆的端部放入活塞内。

（12）把弹簧座装入弹簧腔内，使弹簧推杆和弹簧腔的销均进入弹簧座的槽内。

（13）用两个轴承环夹住轴承，连同测重弹簧放入弹簧座内，把调节套旋入弹簧腔内。

（14）把调节螺母旋在滚轮推杆上，并用两个弹性销固定在弹簧推杆上，把 M10 六角锁紧螺母旋在滚轮推杆上。

（15）完成装配后，将空重车调整阀放在试验台上调整跃升力压力。用装卸工具抬起下部杠杆，使制动缸内无压力空气。当滚轮接触上部杠杆时，确认制动缸压力上升到跃升压力。如果这时制动缸压力高于跃升压力，就稍微旋紧一点跃升部的 M4 螺母。如果低于跃升压力，就旋松螺母。在滚柱与下部杠杆之间放入一把塞尺（厚度为 0.03 mm），当滚轮接触到上部杠杆时，塞尺便不能移动，这样就易于找出这一跃升点了。

（六）机能试验

1. 试验准备

将 U5A 型空重车自动调整阀安装在试验台阀座上并紧固，把容积风缸压力调整到 420 kPa。开放塞门 5、10、11、14、15，关闭其他塞门。

2. 气密性试验

将操纵阀手把置于快充位，待空气弹簧风缸 Ⅰ 和空气弹簧风缸 Ⅱ 的压力上升到最大时，操纵阀手把移至中立位，同时打开塞门 8。测试制动（风）缸压力下降速度，要求每分钟不得超过 10 kPa。在空重车自动调整阀各结合部位涂肥皂水，检查漏泄情况。要求各结合部位不得有漏泄现象。

试验完毕后，将操纵阀手把置于排气位，关闭塞门 8。

3. 性能试验

试验空车位时，将空气弹簧风缸 Ⅰ 和空气弹簧风缸 Ⅱ 的压力调整到 270 kPa。将操纵阀手把置于快充位，记录制动（风）缸的最大压力值；缓解后，再将测重阀手把置于慢充位，记录制动（风）缸的最大压力值。重复几次，检查制动（风）缸最大压力值是否稳定。

试验重车位时，将空气弹簧风缸Ⅰ和空气弹簧风缸Ⅱ的压力调整到 420 kPa。将操纵阀手把置于快充位，记录制动（风）缸的最大压力值；缓解后，再将测重阀手把置于慢充位，记录制动（风）缸的最大压力值。重复几次，检查制动（风）缸最大压力值是否稳定。

如果制动缸压力不符合要求，应对空重车自动调整阀进行输出压力调整。

空重车自动调整阀性能试验数据应符合表 4-1-1 所示。

表 4-1-1　U5A 型空重车自动调整阀性能试验数据

空重车状态	空气弹簧压力/kPa	制动缸压力/kPa
空车位	270	230 ± 10
重车位	420	330 ± 10

4. U5A 型空重车自动调整阀的输出压力调整

（1）将测重部的测重压力 1 和测重压力 2 调整到空车位。

（2）如果制动缸的压力不符合要求，可以松开紧固螺母、调节螺套、滚轮推杆，顺时针方向转动调节螺母，使推杆向左移动，制动缸的空气压力就会增大；相反，逆时针方向转动调节螺母，使滚轮向右移动，制动缸空气压力则降低。快速客车的 U5A 型空重车自动调整阀性能试验的数据，按照各生产厂家的设计要求进行调整。

（3）将测重部的测重压力 1 和测重压力 2 调整到重车位，对车辆施行制动作用，校验制动缸的空气压力值。

（4）调整完毕后，装上弹性销，把滚轮轴固定在弹簧推杆上。拧紧紧固螺母，检查空车位和重车位的制动缸压力值是否稳定。

四、高度调整阀检修工艺

（一）准　备

将待检修的高度调整阀外体进行冲洗，彻底清除表面污物、油污、锈垢；用 600 kPa 以上压力空气吹干。

（二）分　解

（1）分别卸下阀体两端的进、排气阀体，取出卡簧、过滤器、弹簧座及弹簧，取出进排气阀的节流阀和调整螺母，取下 O 形密封圈。

（2）卸下阀体上部的单向阀盖及弹簧和单向阀。

（3）卸下阀体上部的运行中盖总成，并取出弹簧和止回阀。

（4）卸下阀体上部的防尘盖，取出卡簧、金属网状压板及毛毡。

（5）打开阀体后盖，取出弹簧支架组成，取下油封盖及油封。

（6）开阀体两端缸盖，取出活塞组成，分解活塞组成部的吸入阀及液压缓冲器。

（三）清　洗

用汽油或清洗剂清洗阀体各部位孔络通路及各部位的金属配件；用压力空气吹干或烘干。

（四）检　修

（1）检查阀体孔络通路是否通畅，发现阀体各部位及螺纹处有损伤、裂纹时加修或更换。

（2）检查进排风阀阀体螺纹及 O 形密封圈安装槽，有损伤、变形时加修或更换。

（3）止回阀垫不平时须磨平，弹簧衰弱、自由高不符合要求时更新。

（4）滤尘网更新。网板清洗干净，防尘板锈蚀严重者更换。

（5）过滤器状态须良好，经清洗后仍作用不良者更换。

（6）主轴组成各零件状态良好，尼龙套圆柱面有压痕时应改变 90° 位置后再与活塞进行组装。主轴与弹簧支架孔拆前应做标记，以免组装时损伤零件。

（7）活塞组成的锥弹簧衰弱时更换，膜片阀于阀口接触面须研磨平整。

（8）检查后盖及铜套损伤松动时加修或更换。

（9）弹簧支架组成部的缓冲弹簧主轴弹簧支架、减震器支架及主轴与弹簧支架组合处的牙齿有折损、衰减、破损、损坏时加修或更换。

（10）活塞组成内的吸入阀及液压缓冲器折损、衰减，深度划伤，加修或更换。缸盖破损、螺纹损伤时更换。所有的橡胶件须更新。

（五）组　装

（1）将活塞组成顺畅装入阀体，紧固缸盖。

（2）将弹簧支架组成装入阀体，安装后盖紧固螺栓，安装油封和油封盖。

（3）将进排气节流阀弹簧、弹簧座过滤网及卡簧，依次分别装入进排气阀体内，在节流阀调整螺母安装调试后，螺纹处涂抹适量的密封胶，再将整体的进排气阀分别装入阀体。

（4）在阀体的大气孔处安装毛毡、金属网状压板、卡簧及防尘盖板。

（5）组装运行中盖组成的弹簧及止回阀后，安装在阀体上。

（6）在进排气阀组成及各螺纹 O 形密封圈处涂抹适量的硅脂，以避免损伤橡胶件。

（7）组装后，从上侧向体内注入硅油，如表 4-1-2 所示，硅油规格须符合表 4-1-2 规定，油面在进排气阀中心处 ± 5 mm。

表 4-1-2　硅油规格表

黏度/（mm^2/s）	1 000 ± 50（25 °C）
黏度温度系数	VTC　0.60
凝固点/°C	-50
密　度	0.973（25 °C）
色　泽	无色透明
体积膨胀系数/$°C^{-1}$	0.95×10^{-3}
酸碱度	中性

（六）高度调整阀试验

将高度调整阀安装在试验台上，并接好管路（见图 4-1-1），连接管路之前，应将各管路内部及灰尘等吹扫干净，以免杂质等进入阀内，堵塞管路。

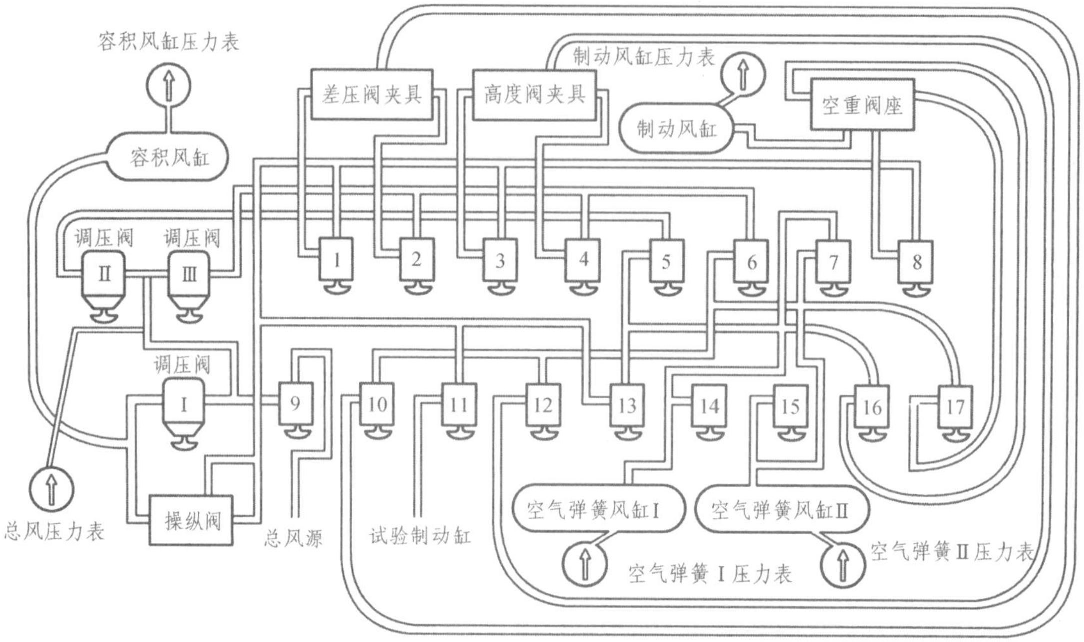

图 4-1-1　三阀试验台管系示意图

1. 气密性试验

（1）在供气阀充至 600 kPa 压力空气后，对阀体表面、供排阀与阀体连接处以及铆钉处涂以肥皂水，不得有冒泡现象。

（2）当风缸充至 600 kPa 压力空气后，对阀的排气口及贯通阀的阀盖处用肥皂水进行漏泄试验，不得有冒泡现象。

（3）把总风阀关闭后，打开供气阀与供气管的连接，对供气阀的供风口进行回流漏泄试验，不得有冒泡现象。

2. 性能试验

（1）试验标准杆长为 140 mm，室温（25 ± 5）°C。

（2）不感带区试验：将检测端置于高度调整阀未给气或排气的任一位置，给气通路向大气开放，将空气弹簧通路与 600 kPa 的压缩空气连接，并将检测端轻轻地向排气方向移动，测出空气由排气口开始排出时的检测端位置。然后，将空气弹簧通路向大气开放，对给气通路一侧，也按此方法进行，测出空气由空气弹簧通路开始排出时的检测端位置。要求所测定的两个位置的距离为 6 ~ 14 mm。

（3）动作滞后时间试验：见高度调整阀的杠杆从水平位置迅速向上或向下移动 20 mm（即抵到限位槽底部）处开始计时至供、排气的时间须为（3 ± 1）s。

（4）空气流量试验：总风压力 500 kPa，打开供气阀开始计时，至 40 L 风缸的空气压力达到 200 kPa 时为止所需时间。或者把风缸充满 500 kPa 压力空气后，打开排气阀开始计时，至压力空气将到 300 kPa 时所需时间。该时间须小于 40 s。

五、差压阀检修工艺

（一）清洗除锈

（1）将差压阀两端头堵上，置于清洗机内，达到表面干净无污物、锈垢。

（2）用 600 kPa 压力空气吹干。

（二）外观检查

认真检查阀体外表，阀体裂纹时报废。

（三）分解检修

（1）将差压阀在检修工作台上逐件分解。

（2）检查差压阀须在阀体内滑动。

（3）清扫滤尘网，滤网须干净、畅通，橡胶件全部更换新品。

（4）检查弹簧，弹簧腐蚀变形、老化、折损时更换新品。

（5）检查阀口及内螺纹有缺损变形时更换。

（6）用清洗剂及汽油进行清洗，再用 650 kPa 以上的干燥空气吹干。

（四）组　装

按分解逆顺序将检修后的差压阀零件组装好，各零件须洁净，作用良好，单向阀圆周各爪部位与阀座孔接触处及弹簧表面、螺纹各连接处均匀涂上少量硅脂。再按差压阀性能试验步骤进行试验。

（五）差压阀性能试验

（1）试验前，应将试验台各管路内部及灰尘吹扫干净，以免杂质等进入阀内，堵塞管路。

（2）将风动夹具的调压阀调整到 300 kPa，总风调压阀调整到 700 kPa。

（3）将差压阀安装在试验台上，打开夹具塞门固定好。

（4）将操纵手把放置在慢充气位，打开试验台差压阀塞门，当空气弹簧风缸Ⅰ压力充至 200 kPa，或低于 200 kPa 时，空气弹簧风缸Ⅱ的压力应开始上升。检测空气弹簧风缸Ⅱ的压力值，检验两缸压差稳定后须为（150 ± 20）kPa。

（5）再将差压阀反向，重复上述试验。

（6）如差压阀不符合要求，用 0.1 mm 或 0.2 mm 垫片进行压强值微调。

（7）将试验合格的差压阀阀体处涂打白油漆，并在阀口用堵堵住，防止灰尘进入。

（六）涂打标记并记录

（1）检修合格后的差压阀外表涂刷防锈漆后再喷灰磁漆，并晾干。

（2）填写差压阀检修试验记录，要求不漏项，字迹清晰、工整，用微机试验台试验的各项记录须用微机存盘备份或打印存档。

职业能力评价表

职业能力评价表

班级		姓名		学号	
课程内容		日期		成绩	

1. 小组自评

（1）优点：

（2）不足：

2. 小组互评

小组成员	优点	不足

3. 教师指导评价

环节	序号	评价内容	评级		
			A	B	C
专业能力	1				
	2				
	3				
方法能力	4				
	5				
	6				
	7				
社会能力	8				
	9				
	10				
教师综合评价					

课程名称	车辆制动系统	学习情境	货车空重车调整装置检修
班级		姓名	

学习情境五　货车空重车调整装置检修

学习情境描述

空重车调整装置是货车制动系统中重要组成部件，其性能状态直接影响着车辆制动机的性能，进而影响列车制动机的制动效果，其作用是协调空车和重车制动率相近，确保货物列车安全运行。能正确地进行空重车调整装置分解、清扫、测量、给油组装，熟练指出各零部件名称及配合关系，并能准确判断故障、正确提出施修方案。

学习目标

1. 知识目标

（1）货车空重车调整装置的检修；

（2）货车空重车调整装置故障原因分析。

2. 能力目标

（1）具备货车检车员应急故障处理能力；

（2）具备制动钳工岗位专业技能。

3. 素质目标

（1）安全第一、预防为主、严规细操；

（2）协作意识、环保意识、节约意识。

任务书

学习小组记录单

三阀检修

日期		地点		课时	
案例					
引导问题					

小组成员及分工

	姓名	任务分配	备注
组长			
组员			

引导问题解答：

1.

2.

3.

一、设备与工具

钩引、手锤、管子钳（500 mm）、扳手（200 mm）、KZW 系列专用微控空重车调整装置试验台、705 试验台、游标卡尺（150 mm，检定周期 12 个月）、专用垫板、压力表（检定周期 1 个月）、秒表（检定周期 12 个月）。

二、工作前安全要求

按规定穿戴好防护用品，严禁穿拖鞋、高跟鞋；检查风源压力符合 600 ~ 650 kPa 的标准，分配阀研磨机、零件清洗机等状态良好，各种样板、量具齐全，检定不过期。

三、KZW-A 空重车调整装置检修工艺

KZW-A 空重车调整阀检修

（一）日常维护

日常维护主要是在车辆作为非检修车时，车辆检修工作人员对运用车在列检所、站修所以及非运用车在备用线等的日常检查、检修，确保其良好的状态。

对 KZW-A 型货车空重车自动调整装置主要进行外观检查，检查范围主要是各部位连接螺栓不得松脱；空气管路不得泄漏；传感阀触杆应伸缩灵活；调整阀显示牌应翻转灵活；抑制盘应不卡滞。要求，有配件丢失或作用不良时，应及时添补或更换相应配件。

（二）定期检修

按车辆运用周期应定期对 KZW-A 型货车空重车自动调整装置进行检修。定期检修随车辆进行段修或厂修时进行。定期检修范围和限度要求：

1. 支架、抑制盘

（1）传感阀触头裂纹、磨耗大于 3 mm 时须更换新品。

（2）支架、抑制盘裂纹、破损时更换；抑制盘螺纹损坏时更换。

（3）支架 ϕ25 mm 内孔磨耗后大于 ϕ26 mm 时更换。

（4）抑制盘 ϕ25 mm 柱面磨耗后小于 ϕ24 mm 时更换。

（5）抑制盘润滑脂腔内须注入适量 GP-9 润滑脂。

2. C-A 型传感阀

（1）C-A 型传感阀检修要求。

① 解体、清洗、去除油污。

② 各零件裂纹或锈蚀时更换；触杆 ϕ18 mm 柱面拉伤时更换；其他部位拉伤时修理或更换。

③ 活塞阀口损伤允许修理。

④ 更新橡胶密封件。

⑤ 各弹簧检修时须做压力试验：以 1.3 ~ 1.5 倍的工作负荷试压 3 次不得产生永久变形；更换时各有关参数须符合要求。

（2）C-A 型传感阀组装要求。

① 组装前各零件应保持清洁。

② 组装前各橡胶件应擦拭干净，不得用油类（汽油、煤油）、香蕉水、碱、酸液体清洗。

③ 活塞、触杆、连接杆各滑动面及各活动密封圈须涂以适量 GP-9 润滑脂（不准用其他油脂代替）。

④ 活塞组成装入阀体内推动时，动作须灵活、阻力适当。

3. X-A 型限压阀

（1）X-A 型限压阀检修要求。

① 解体、清洗、去除油污。

② 各零件裂纹及锈蚀时更换；阀盖组装中的活塞（杆）ϕ8 mm 柱面及中间体组成中的

铜套内孔面拉伤时更换；其他部位拉伤时修理或更换。

③ 阀体上的阀口损伤时修理或更换。

④ 更新橡胶密封件。

⑤ 各弹簧检修时须做压力试验：以 1.3 ~ 1.5 倍的工作负荷试压 3 次不得产生永久变形；更换时各有关参数须符合要求。

（2）X-A 型限压阀组装要求。

① 组装前各零件应保持清洁。

② 组装前各橡胶件应擦拭干净，不得用油类（汽油、煤油）、香蕉水、碱、酸液体清洗。

③ 各活塞（轴）滑动面、各活动密封圈须涂以适量 GP-9 润滑脂（不准用其他油脂代替）。

④ 各活塞（轴）装入相应孔内推动时，动作须灵活、阻力适当。

（三）机能试验

1. 准　备

（1）调节调压阀使进气压力为（500 ± 5）kPa。

（2）试传感阀时，将试验用的标准限压阀安装在试验台上；试限压阀时，将标准传感阀安装在试验台上。再将待试的传感阀或限压阀安装在安装座上，安装时注意检查密封件是否良好。

（3）撤去挡块，对限压阀进行充排气，传感阀触杆应能完全伸出，缩回。

2. 试验方法及要求

（1）C-A 型传感阀试验。

① 空车位小减压量试验。

方法：打开慢充电磁阀，当制动缸压力升到（40 ± 10）kPa 时，关闭慢充电磁阀，检查触杆行程。

要求：触杆须稳定触及调整挡块。

② 空车位试验。

方法：向制动缸充气，用防锈检漏剂检查各结合部、各排气口及通气口，阀体，触杆和铜套间隙四周，关闭进风保压 1 min，然后排制动缸内压缩空气。

要求：a. 制动缸压力为（140 ± 50）kPa；b. 限压阀的显示牌仍处在空车位；c. 保压 1 mm 时，制动缸压力下降不大于 5 kPa；d. 防锈检漏剂检查各结合部、各排气口及通气口，20 s 内不得鼓泡；e. 缓解时间不大于 30 s。

③ 半重车位试验。

方法；向制动缸充气，用防锈检漏剂检查各结合部、各排气口及通气口，阀体，触杆和铜套间隙四周，关闭进风保压 1 min，然后排制动缸内压缩空气。

要求：a. 制动缸压力为（230 ± 40）kPa；b. 限压阀的显示牌应处在半重车位；c. 保压 1 min 时，制动缸压力下降不大于 5 kPa；d. 防锈检漏剂检查各结合部、各排气口及通气口，20 s 内不得鼓泡；e. 缓解时间不大于 30 s。

④ 重车位试验。

方法：向制动缸充气，用防锈检漏剂检查各结合部、各排气口及通气口，阀体，触杆和铜套间隙四周，关闭进风保压 1 min，然后排制动缸内压缩空气。

要求：a. 制动缸压力为（360 ± 10）kPa；b. 限压阀的显示牌应处在重车位；c. 保压 1 min 时，制动缸压力下降不大于 5 kPa；d. 防锈检漏剂检查各结合部、各排气口及通气口，20 s 内不得鼓泡；e. 缓解时间不大于 30 s。

（2）X-A 型限压阀试验。

① 空车位试验。

方法：向制动缸充气，用防锈检漏剂检查各结合部、各排气口及通气口，阀体四周，关闭进风保压 1 min，然后排制动缸内压缩空气。

要求：a. 制动缸压力为（140 ± 15）kPa；b. 限压阀的显示牌仍处在空车位；c. 保压 1 min 时，制动缸压力下降不大于 5 kPa；d. 防锈检漏剂检查各结合部、各排气口及通气口，20 s 内不得鼓泡；e. 缓解时间不大于 40 s。

② 半重车位试验。

方法：向制动缸充气，用防锈检漏剂检查各结合部、各排气口及通气口，阀体四周，关闭进风保压 1 min，然后排制动缸内压缩空气。

要求：a. 制动缸压力为（230 ± 40）kPa；b. 限压阀的显示牌应处在半重车位；c. 保压 1 min 时，制动缸压力下降不大于 5 kPa；d. 防锈检漏剂检查各结合部、各排气口及通气口，20 s 内不得鼓泡；e. 缓解时间不大于 30 s。

③ 重车位试验。

方法：向制动缸充气，用防锈检漏剂检查各结合部、各排气口及通气口，阀体四周，关闭进风保压 1 min，然后排制动缸内压缩空气。

要求：a. 制动缸压力为（360 ± 10）kPa；b. 限压阀的显示牌应处在重车位；c. 保压 1 min 时，制动缸压力下降不大于 10 kPa；d. 防锈检漏剂检查各结合部、各排气口及通气口，20 s 内不得鼓泡；e. 缓解时间不大于 40 s。

四、TWG-1 系列空重车调整装置检修工艺

（一）检修修程

1. 日常维护

对自动调整装置进行外观检查。各部位连接螺栓不得松动，各空气管路不得漏泄，调整阀显示器活塞应伸缩灵活，传感阀顶杆应伸缩灵活不得发生卡滞现象，传感阀顶杆触头不得松动。传感阀触头与横跨梁之间的间距应符合要求。各配件丢失或作用不良时，应补充或更换相应配件。

2. 定期检修

按车辆运用的厂、段、辅修期对自调装置进行检修。

（1）辅修要求。

① 对 TWG-1 型自动调整装置进行外观检查，各部配件齐全，状态良好时，可不分解。

② 进行单车性能试验，如作用良好，各位置制动缸压力符合要求时，自动调整装置可不进行分解检修。

③ 当 TWG-1 型空重车自动调整装置作用不良时需分解检修，并更换相应的配件。

（2）段修要求。

T-1 型调整阀、WG-1 型传感阀须分解检修。

① 调整阀、传感阀安装座、滤尘器须分解清洗检查，变形、破损时更换。调整室、安装座有裂纹、破损时更换。

② 调整阀垫和传感阀垫老化、变质、变形时更换。组装螺栓裂纹、腐蚀时更换。

③ 安装良好的调整阀、传感阀，按规定进行单车试验。

④ 车辆落成并调整好心盘与钩高后应按要求调整传感阀顶杆触头与横跨梁基准板的间距。

（3）厂修要求。

T-1 型调整阀及调整室、WG-1 型传感阀及安装座须从车上拆下并分解检修。分解检修后的调整阀、传感阀在 KS-1 试验台上进行试验，合格后方可装车。车体落成后按安装技术条件安装调整阀和传感阀，并进行单车性能试验。

（二）TWG-1 型空重车自动调整装置的分解检查

（1）调整阀和传感阀必须清除外部油垢、锈尘等，体内空腔用压力空气吹干净。

（2）更换全部橡胶件，更换生锈、变形的弹簧，传感阀顶杆组成、螺纹自锁机构失效或触头组成端部的耐磨垫过度磨损时应更换。各零部件应清洗、换油。检修后在 KS-1 试验台上试验，合格方可装车使用。

（3）调整阀、传感阀安装座外壁必须清除锈垢，内腔和气路用压力空气吹扫。必须用 600 kPa 以上的风压试验，各气路不得串通和漏泄，各堵不得漏泄。各堵漏泄时更换，在螺纹部涂适量的密封胶。

（4）滤尘网须清洗干净，如有变形、损坏时更换。

（5）调整阀垫和传感阀垫必须更换新品，螺栓和螺母损坏时更换。

（6）各橡胶止回阀开胶、变质时更换，阀面不平、压痕过深时磨平或更换（厂修时一律更换新品）。

（7）横跨梁（挡铁）有裂纹须更换，横跨梁上的垫板磨损严重须更换或修复。

（8）各连接管路应无腐蚀，管路应吹扫干净。管路橡胶件须更换。

（三）TWG-1 型自动调整装置的组装

（1）组装前各零部件应保持清洁。

（2）组装前各橡胶件应擦拭干净，不得用油类（汽油、煤油等）、香蕉水、碱、酸液体清洗。

（3）各活动密封圈在组装时涂以适量的 7057 硅润滑脂或经国铁集团批准使用的其他硅脂，不得使用制动缸脂或用其他油脂代替。

（4）各活塞膜板边缘须完全入槽，在装阀盖时各螺栓均匀拧紧防止偏压。

（5）调整阀下盖必须拧紧。

（四）机能试验

1. 传感阀试验

（1）准备。

① 将试验台调压阀压力调整为 360 kPa，关闭所有塞门，开 K1，将传感阀专用转接座夹紧在 705 型试验台主阀安装座上，再将被试的传感阀紧固在专用转接座上。

② 操纵阀置Ⅷ位，开塞门 1、4、5、8。

③ 试 A 型和 B 型阀时，将厚 50 mm 的垫块置于挡铁上；试 C 型和 D 型时，取下垫块。

④ 传感阀挡铁零点调试，调低挡铁位置，操纵阀置Ⅰ位。待制动管及压力风缸压力稳定后，开塞门 15，将挡铁上调至与传感阀触头刚好接触，关塞门 15，操纵阀置Ⅷ位。重复进行两次，确认零点后锁定挡铁。

（2）空车位制动及漏泄试验。

方法：操纵阀置Ⅰ位，测定压力风缸由 0 升至 300 kPa 的时间。压力稳定后观察工作风缸与制动管的压力差；在传感阀各结合部及顶杆周围及触头排气孔处涂肥皂水。然后操纵阀置Ⅲ位，关塞门 4、8，观察制动管压力在 15 s 内的变化。

要求：① 压力风缸由 0 升至 300 kPa 的时间应不超过 12 s，压力风缸与制动管的压力差不得超过 15 kPa；② 传感阀各结合部及顶杆周围及触头排气孔处涂肥皂水，制动管压力在 15 s 内不得下降；③ 不得漏泄。

试毕开塞门 4、8。

（3）空车位缓解试验。

方法：操纵阀置Ⅰ位，待充满后，操纵阀置Ⅲ位，开塞门 14。

要求：① 压力风缸压力由 300 kPa 降至 40 kPa 的时间不大于 9 s；② 最后压力风缸内压力应能排尽；③ 传感阀顶杆应能完全缩回到缓解位。

试毕关塞门 14。

（4）重车位制动、缓解及漏泄试验。

方法：在挡铁上放置试验垫块（各型传感阀的垫块厚度 WG-1A、WG-1B 为 23 mm；WG-1C、WG-1D 为 31 mm），操纵阀置Ⅰ位，待制动管压力稳定后，操纵阀置Ⅲ位，关塞门 4、5、8，观察制动管压力；压力风缸压力为零；操纵阀置Ⅴ位后，观察传感阀顶杆动作。

要求：制动管压力在 15 s 内不得下降；压力风缸压力为零；操纵阀置Ⅴ位后，传感阀顶杆应完全缩回至缓解位。

试毕开塞门 4、5、8，操纵阀置Ⅵ位。

（5）半重车位试验。

方法：更换如表 5-1-1 所示的各型传感阀试验垫块，操纵阀置Ⅰ位。待制动管压力稳定后，操纵阀置Ⅲ位，观察传感阀的压力风缸压力。

要求：各型传感阀的压力风缸压力须符合表 5-1-1 的要求。

试毕操纵阀置Ⅷ位，开塞门 14，待制动管、压力风缸压力排尽后，关塞门 14，卸下传感阀。

表 5-1-1　各型传感阀的压力风缸压力

传感阀型号	试验垫块厚度/mm	压力风缸压力/kPa
WG-1A	18	105±25
WG-1B	18	180±25
WG-1C	24	100±25
WG-1D	24	125±25

2. 调整阀试验

（1）准备。

将试验台调压阀压力调整为 360 kPa。关闭所有塞门，开 K1，将调整阀专用转接座夹紧在主阀安装座上［调整阀转接座上装有手拉阀，用以模拟降压气室管的连通与截断，手拉阀向右拉出时为开放（空车）位，向左推入时为关闭（重车）位］。

（2）空车位漏泄试验。

方法：开放塞门 1、4、5、8，向右开放手拉阀。操纵阀置Ⅰ位，待制动管压力稳定后，关塞门 5，用肥皂水检查调整阀各结合部、各排气口及通气口。然后关塞门 8，测制动缸压力在 20 s 内的上升值。

要求：① 调整阀各结合部、各排气口及通汽口不得漏泄；② 制动缸压力在 20 s 内上升不得超过 10 kPa。

（3）空车位制动试验。

方法：开放塞门 1、4、5、8，向右开放手拉阀。关闭其他塞门。操纵阀置Ⅰ位与Ⅱ位之间，观察压力风缸和制动缸初跃升压力（制动缸开始时应随同制动管一起缓慢上升到一个压力值后暂时停止升压）范围。然后操纵阀置Ⅰ位，待制动管压力稳定后，观察压力风缸压力和制动缸压力及空重车显示器状况。

要求：① 压力风缸和制动缸初跃升压力应在 50～70 kPa 范围内；② 制动管压力稳定后，压力风缸压力，A 型阀始终为零，B 型阀在制动缸压力达到跃升压力之后，压力风缸开始升压，并始终与制动管压力相同；③ 制动管压力稳定后，A 型阀应为（160±10）kPa，B 型阀应为（100±10）kPa。④ 调整阀盖上的显示器应伸出。

（4）空车位缓解试验。

方法：接上项试验后，操纵阀置 8 位，测定从操纵阀移至 NT 位起制动缸压力的下降时间。

要求：① 制动缸压力下降至 40 kPa 的时间，A 型阀不超过 20 s，B 型阀不超过 24 s；② 制动缸压力应能排尽；③ B 型阀压力风缸压力应降至零；④ 调整阀盖上的显示器应缩回。

（5）重车位制动试验。

方法：开放塞门 1、4、5、8，关闭其他塞门，向左关闭手拉阀，将操纵阀置Ⅰ位，待制动管压力稳定后，观察制动缸压力值。

要求：制动缸压力值应为 A 型阀与制动管压力相同；B 型阀为（220 ± 10）kPa。

（6）重车位缓解试验。

方法：接上项试验，操纵阀置Ⅲ位，开塞门 14。

要求：① 制动缸压力应能排尽；② B 型阀压力风缸压力能降到 0。

试毕，操纵阀置位，待制动管、压力风缸压力排尽后，关塞门 14、卸下调整阀。

职业能力评价表

班级		姓名		学号	
课程内容		日期		成绩	

1. 小组自评

（1）优点：

（2）不足：

2. 小组互评

小组成员	优点	不足

3. 教师指导评价

环节	序号	评价内容	评级		
			A	B	C
专业能力	1				
	2				
	3				
方法能力	4				
	5				
	6				
	7				
社会能力	8				
	9				
	10				
教师综合评价					

课程名称	车辆制动系统	学习情境	基础制动装置检修
班级		姓名	

学习情境六　基础制动装置检修

学习情境描述

基础制动装置是列车制动系统中执行制动的重要组成部件，它的技术良好直接决定了列车行驶是否安全，因此，对基础制动装置进行日常维护保养和定检，是确保铁路运输安全生产的条件之一。能正确地进行基础制动装置分解、清扫、测量、给油组装，熟练指出各零部件名称及配合关系，并能准确判断故障、正确提出施修方案。

学习目标

1. 知识目标

（1）基础制动调整装置的检修；
（2）基础制动整装置故障原因分析。

2. 能力目标

（1）具备车辆检车员应急故障处理能力；
（2）具备制动钳工岗位专业技能。

3. 素质目标

（1）安全第一、预防为主、严规细操；
（2）协作意识、环保意识、节约意识。

任务书

学习小组记录单

三阀检修

日期		地点		课时	
案例					
引导问题					

小组成员及分工

	姓名	任务分配	备注
组长			
组员			

引导问题解答：

1.

2.

3.

一、设备与工具

高压水枪；钢丝刷；风枪；专用工作台；扳手；电动扳手；钻床；锉刀；木槌；铜棒；游标卡尺；量规等；风扳；盒尺（2 m）；标记漏模；安全套环及插销；活塞分解、组装设备。

二、工作前安全要求

按规定穿戴好防护用品，严禁穿拖鞋、高跟鞋；检查风源压力符合 600 ~ 650 kPa 的标准，分配阀研磨机、零件清洗机等状态良好，各种样板、量具齐全，检定不过期。

三、盘型制动单元检修工艺

（一）作业准备

（1）确认使用的检测量具在检定周期内，且状态良好。

（2）准备好扳手、手锤等工具。

（二）外部除锈

（1）将单元制动缸置于冲洗工作台上，对外体进行冲洗除锈，局部灰尘、油污、锈斑用钢丝刷清洗干净，表面须无污物、锈垢。

（2）用 600 kPa 以上压力空气吹干。

（三）分　解

（1）将单元制动缸移至专用工作台，固定夹紧。

（2）取下防尘套，将丝杠组成按逆时针方向旋出。

（3）先将压盖及缸盖上的螺栓取下，然后将缸盖与缸体分离，取出膜板。

（4）将导向螺栓旋下，取出间隙调整器组成（包括活塞杆、复原弹簧、调整螺母组成件、引导螺母组成件、引导挡铁、调整挡铁）。

（5）取下孔用弹簧挡圈及调整挡铁，将调整螺母组成件从活塞杆内取出，将引导挡铁推入活塞杆内，取出引导螺母组成件。

（6）分解各个组成件，用煤油清洗干净，移至检查检测工作台。

（四）检查检测

（1）检修检测各零部件，如需修理，送至加修台位。

（2）各橡胶件必须更换新品。

（3）各弹簧不得有裂纹。

（4）检查丝杠、调整螺母、引导螺母不得有损伤，主要是螺纹部分。再将调整螺母和引导螺母分别装在直立的丝杠（不加润滑脂）上，螺母可以自由旋转下移，没有卡滞现象。

（5）后调整螺母与轴承接触处的磨耗量不得大于 1 mm。

（6）前齿轮及前调整螺母上斜齿磨耗量不得大于原齿高的 1/3。

（7）紧固环在螺杆上不得有松动现象，销轴必须铆固。

（8）紧固环及吊耳上的齿磨耗量不得大于原齿高的 1/2。

（9）排气堵必须畅通，否则更换新品。

（10）各轴、孔磨耗量不得大于 0.5 mm，外体的腐蚀深度不大于 3 mm，前、后盖腐蚀深度不大于 1.2 mm。

（11）缸体内表面应仔细检查，不得有损伤、纵向划痕等影响密封性的缺陷，否则更换。内部各件如有锈蚀需清除。

（五）组　装

（1）组装前，各零部件应符合技术要求。

（2）将各运动件及弹簧上适量的 2 号低温脂（橡胶件不得沾浸汽油及 2 号低温脂）。

（3）按分解逆顺组装。

（4）将标有检修单位代号及检修编号的标志牌固定在外体上。

（六）试　验

1. 试验准备

将 SP_2 型盘形制动单元置于试验台架上，连接风管。开放塞门 3、19，关闭其他塞门。

2. 漏泄试验

将容积风缸压缩空气的压力调整到 450 kPa。将操纵阀手把置于快充位，制动缸压力上升到最大值时，用肥皂水检查膜板周围和 M8 螺栓等处的漏泄情况。要求各处均不得有肥皂泡出现。

3. 耐压试验

将容积风缸压缩空气的压力调整到 500 kPa。将操纵阀手把置于快充位，制动缸压力上升到最大值后，保压 5 min。要求 SP_2 型盘形制动单元各处均不得有破损、漏泄等现象出现。

4. 丝杠拉伸试验

在缓解状态下用手拉动丝杠，至制动缸活塞杆达到最大行程为止。要求丝杠不得自动伸出，松开手后应能恢复到原位。

5. 丝杠调整量试验

将容积风缸压缩空气的压力调整到 400 kPa，把丝杠调至最短。操纵阀手把置于快充位，制动缸压力上升到最大值时，测量制动缸活塞行程。然后操纵阀手把移至排气位，制动缸活塞杆应该顺利恢复到原位，此时测量丝杠伸出量应为 8 ~ 14 mm。按同样的方法进行多次充气、排气，并测量每次丝杠的调整量，直到丝杠伸出量达到最大值为止。丝杠调整量应符合表 6-1-1 的要求。试完一个循环之后，将丝杠退回原位（最短），再进行第二个循环试验，此次试验可以不测量调整量。

试验完毕后，认真填写记录。外体涂刷防锈漆及面漆。检修、试验合格的单元制动缸应将进气口封堵，套好防尘套，以防尘土、水或异物进入，存放在专用存放架上，保持清洁，摆放整齐。

表 6-1-1　丝杠调整量试验检查标准

项　目	试验要求	项　目	试验要求
制动缸活塞行程/mm	28 ~ 30	调整范围/mm	95 ~ 100
闸片标准间隙 *A* 值/mm	14 ~ 15	一次最大丝杠调整量/mm	8 ~ 14

四、制动缸检修工艺

（一）外观查看

检查密封式制动缸，密封式制动缸经单车试验作用良好、不漏泄者可不分解。作用不良、滤尘网罩丢失、漏泄时分解、检修。

制动缸检修、试验

（二）分　解

（1）排出副风缸压力空气、卸下活塞推杆。

（2）在活塞杆前端带上安全套环及插销，卸下制动缸前盖螺母，将活塞从制动缸内取出，送至活塞组合体检修间检修，实行换件修，同时运回组装良好的活塞组合体现车组装。

（三）清洗、检查制动缸体及后盖

（1）制动缸内壁用旧布或毛巾擦拭干净。

（2）制动缸内壁生锈、轻微拉伤时须用砂布或油石打磨处理。漏泄沟内油垢须清除，如表 6-1-2 所示，漏泄沟长度、深度尺寸不合下表者修理。

表 6-1-2　制动缸漏泄沟长度、深度尺寸　　单位：mm

制动缸型号	漏泄沟长度	漏泄沟宽度	漏泄沟深度	
254×305	78±2	3±0.5	1.5	漏泄沟深为参考尺寸
365×254	51±2	3.2±0.2	1.5	

（3）制动缸体及后盖裂纹或砂眼漏泄时更换。

（四）检查制动缸吊架及制动杠杆及链

（1）吊架有裂纹时焊修或更换。螺栓须紧固，备母或弹簧垫圈须齐全。

（2）检查杠杆销孔磨耗超过 2 mm 时加修或更换，杠杆磨耗超过 3 mm 时焊后磨平。

（3）链子有裂纹时更换，裂纹焊修后经拉力试验须合格。

（五）清洗、检测、组装制动缸活塞组合体各零部件

（1）分解拆下弹簧、皮碗、皮碗压板（活塞杆前端铆固的，对缓解弹簧作外观检查，不必分解）。密封制动缸须分解检查前盖垫、缓解弹簧、弹簧座、活塞润滑套、前盖滤尘套、滤尘毡、活塞杆、活塞、皮碗胀力环等。

（2）对活塞、活塞杆、缓解弹簧以及压板皮碗进行清洗，皮碗不能用汽油或有腐蚀性的溶剂清洗。

（3）检测缓解弹簧、皮碗及制动缸前盖等。

① 缓解弹簧折断或自由高低于表 6-1-3 尺寸时更换。

表 6-1-3　缓解弹簧尺寸表　　单位：mm

制动缸规格	弹簧高度	自由状态高度差	备注
203×305	748	−40	
254×305	748	−40	
356×254	555.4	−40	
254×254（密封式）	555.4	−40	
356×254（苏式）	665	−40	
356×240（波式）	585	−40	

② 活塞皮碗变质、变形、裂纹、损坏者更换，偏磨轻微者调转位置，严重者更换。

③ 密封制动缸的前盖垫，活塞润滑套、滤尘套、皮碗胀力环等不良时加修或更换。

④ 活塞杆弯曲者调直，折裂、腐蚀严重时更换。活塞铆接处松动时重铆，活塞裂损、皮碗压板裂纹者更换。

⑤ 制动缸前盖裂纹或砂眼漏泄时更换。

⑥ 半密封式制动缸须分解滤尘器组成，并清洗滤尘器组成中的铜基粉末冶金滤尘垫，更换前盖滤尘套组成的滤尘毛毡。

⑦ 制动缸活塞杆须按图 6-1-1 及表 6-1-4 规定在 *B*、*C* 部涂打白磁漆标记（密封式制动缸 *C* 部除外）。*A* 为运用限度活塞最小行程值；*D* 为运用限度活塞最大行程值；*B* 为白铅油标记宽度（运用限度活塞最大行程与最小行程的差值）。

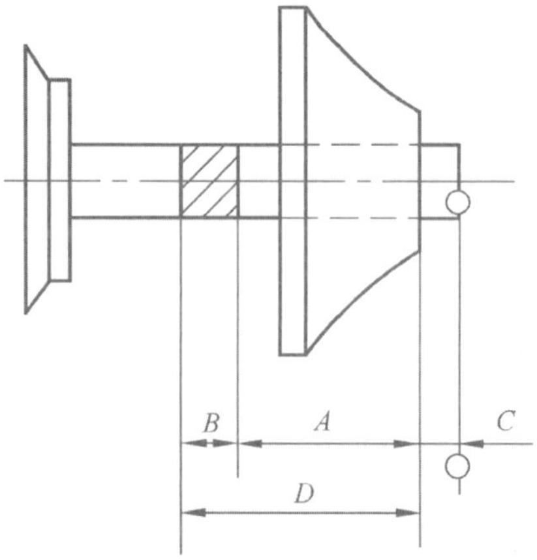

图 6-1-1　制动缸活塞行程标记

表 6-1-4　活塞杆标记尺寸表　　单位：mm

制动缸规格	装闸调器		不装闸调器	
	A	B	A	B
356×254	115	20	110	50
305×254	145	20		
254×254	145	20		
203×254	115	20		

（4）组装制动缸活塞组合体各部件。

① 组装皮碗，组装时须均衡拧紧压板螺栓，旋压式密封制动缸皮碗须组装皮碗胀力环。

② 缓解弹簧、前盖等组装。

a. 普通制动缸组装。在干净的组装平板（木板、铁板或干净的布）上组装活塞及前盖等零部件，顺次在活塞杆上套上缓解弹簧、锥杆、前盖体，将前盖压入到规定位置，戴上安全套插销，拔出锥杆。

b. 密封制动缸组装。在前盖上组装好滤尘器组成。在干净的组装平板（木板、铁板或干净的布）上组装活塞及前盖等零部件。顺次在活塞杆上套上缓解弹簧、锥杆、弹簧座，前盖滤尘套以及前盖体，将前盖压入到规定位置，带上安全套插销，拔出锥杆。

（六）现车组装制动缸活塞组合体

（1）在制动缸内壁及皮碗周围（密封式制动缸的活塞周围及沟槽内、润滑套、前盖滤尘套毛毡上）按表 6-1-5 定量涂以 89D 制动缸脂。

表 6-1-5　制动缸润滑脂用量表

制动缸直径/mm	203	254	356
给油量标准/g	200	250	300

（2）向缸内装入活塞，密封式制动缸须将前盖的橡胶垫套在前盖 ϕ356 定位外圆上，并粘靠在端面上，一起推进制动缸体内，组装时注意勿损伤皮碗，制动缸盖螺栓须对称均衡紧固，不得松动，密封式制动缸组装时紧固力要适度，防止前盖体外缘因紧固力过度而发生局部变形。

（3）组装好后卸下安全套环及插销，并安装活塞推杆。

五、制动梁的检修工艺

（一）客车制动梁检修

1. 修前检查鉴定

检查中对制动梁梁身磨耗超过 3 mm 时进行焊修，梁身弯曲时调修；端轴有横裂纹时更换，磨耗超过 2 mm 时焊修；制动梁拉杆、拉环裂纹时更换；焊接制动梁的原焊缝裂纹时，可以割去重焊；衬套磨耗超过 2 mm 时更换；铆钉松动及裂纹者，切去铆钉重铆。

2. 施　修

施行磨耗焊修前须彻底清除施焊面的氧化物及油污。焊制动梁端轴时，从磨耗凹处起始堆焊，焊平后再沿圆轴纵向堆焊一层。端轴焊后须旋销至原形尺寸；梁身焊修后须磨平至原形尺寸。

制动梁拉杆（拉环）孔径磨耗大于套的外径时先堆焊，然后按图纸要求铣孔、镶套。

施修中切割更换铆钉时须将旧铆钉钉头全部切割掉，不得留有余肉，不得切伤基本金属；铆件的接触面须涂防锈油；铆钉铆合要严密，不得松动、偏斜，不得有毛边，铆钉加热不得有过烧和烧不透现象。

3. 拉力试验

经调修、挖补、补强、裂纹焊修后的制动梁应进行拉力为 70 kPa 拉力试验，不得产生永久变形。

4. 质量检验

制动梁施修后，端轴各部尺寸应符合图纸要求；各部不得有裂纹，不得有漏修；铆钉帽铆合严密，钉头端正；衬套无松动。

（二）货车制动梁检修

制动梁检修

1. 货车制动梁的主要故障及防止办法

（1）端轴焊接不良，在焊缝处发生裂纹，造成滚子轴脱落。导致端轴裂纹、裂损的原因有：其一是端轴承受转向架基础制动装置的全部重量，并受振动冲击等动载荷的影响，工作条件较差；其二是分解端轴垫圈时，端轴被铲伤或被气割烧伤，而这些伤痕恰好发生在端轴的应力集中处。防止办法是分解端轴垫圈时注意不要铲伤端轴，尽量不使用气割分解，要提高焊接质量。

（2）两侧端轴不在一条直线上，或两端闸瓦厚度差超过规定，使制动梁别劲，导致滚子轴根部裂损。防止办法是使制动梁两端闸瓦厚度差不超过规定，并保证两端轴在一条直线上。

（3）由于车轮磨耗后使轮径变小及闸瓦丢失等原因，使制动梁容易从侧架的滑槽缺口滑出，造成制动梁脱落。为防止上述故障，对转 8A 型、转 6A 型转向架制动梁，在厂、段修时，应在侧架的滑槽下承台前端加焊一块 12 mm × 52 mm × 40 mm 的防脱板，以免滚子或滑块被卡住及便于装卸制动梁。

（4）端轴材质不良或磨耗过限，发生裂纹折损。须经常保持端轴与滑槽的油润状况良好，段修时，端轴垫圈须分解，端轴弯曲时加热调修，横裂纹时更换。

滑槽式制动梁弓形杆裂损。多发生在滚轴式制动梁上，裂损部位一般都是在距闸瓦托根部 20 ~ 50 mm，也就是闸瓦托内挡箍与弓形杆的焊接点处。其原因是制动时，此处承受较大的弯矩，及制造检修工艺的影响。主要表现在弓形杆与垫铁或挡箍的焊接缺陷受力后，这些缺陷处会产生应力集中，极易诱发裂纹的产生。防止办法是提高焊接质量。

2. 货车制动梁检修质量要求

（1）组焊两端滚子轴时，两端滚子轴的中心线应保持在同一直线上，以免制动时发生别劲，影响其作用性能，并保证焊接质量，防止滚子脱出。

（2）制动梁总长度应为（1 770 + 3）mm，其两端与两侧的总间隙不小于 20 mm。如过长，将使制动梁被卡死而不能移动；如过短，则不能保证制动梁端部与侧架有足够的安全搭载量，易造成制动梁脱落事故，其搭载量为当制动梁偏于一侧时，另一侧应不小于 30 mm。

（3）滑槽与滚子内应涂抹适量的润滑脂，保证作用灵活，并减少磨耗。

3. 拉力试验

货车制动梁经补强、截换或更换槽钢、弓形杆时，要按表 6-1-6 的规定进行拉力试验，不得产生永久变形。

表 6-1-6　制动梁拉力试验的试验压力

制动梁类型	试验拉力/kN	制动梁类型	试验拉力/kN
平行头弓形杆制动梁及滑槽式制动梁	90	160 mm 工钢梁	60
斜型头弓形杆制动梁	70	140 mm 工钢梁	50
旧型弓形杆制动梁	50	120 mm 工钢梁	35

六、闸瓦托及闸瓦托吊的检修工艺

（一）检　查

闸瓦托吊槽裂纹时更换，闸瓦在吊槽磨耗剩余厚度不足 9 mm 时焊修后加工平整；闸瓦托插销座支撑面磨耗剩余厚度不足 6 mm 时焊修，闸瓦托四爪磨耗剩余厚度不足 6 mm，其余各部磨耗超过 2 mm 时焊修，焊修后四爪厚度不小于 8 mm，转 9 型转向架制动梁端部磨耗板有横向裂纹时更换；闸瓦托吊磨耗部分磨耗超过 2 mm 时焊修，其余非磨耗部分直径小于原形 3 mm 时报废；吊销孔磨耗超过 2 mm 时（有衬套者同）铣孔镶套，原套松动、裂纹时重新镶套；闸瓦托吊弯曲时加热调修；闸瓦托吊有横裂纹时报废。

（二）焊　修

（1）闸瓦托插销座内孔磨耗过限或出现裂纹时可截换，将原座部分切除，制成（30° + 5°）斜角，再用厚 10 ~ 11 mm 钢板（Q235A）两边制成（30° ± 5°）的斜角与闸瓦托成 V 形坡口，点焊对正后施焊，焊波应高出挡铁 1 ~ 2 mm，所焊挡板与孔底距离为（21 + 1）mm。

（2）闸瓦托吊施焊时不得在弯角处引弧或灭弧；焊后平直部分应有 1 ~ 2 mm 的加工余量；压筋及扭曲整形的加热温度为 850 ~ 950 °C，压筋整形后应缓慢冷却。

（三）检　验

（1）圆钢制的闸瓦托吊平直磨耗部分和弯角处须进行电磁探伤检查，不得有裂纹；未经加工的闸瓦托吊，磨耗部分不得超过 2 mm，非磨耗部分直径不得小于原形 3 mm；吊销孔磨耗不得超过 2 mm，衬套不得松动。

（2）用 *R*451 mm 弧面样板检查加工后的闸瓦托弧面，两插座销支撑面中心线两侧四爪须接触，局部缝隙不得超过 1.5 mm，四爪的每处间隙不得超过 2 mm。

七、杠杆、拉杆的检修工艺

（1）检查鉴定：杠杆销孔或衬套直径磨耗超过 2 mm 时，镶套或更换衬套，原套有裂纹、松动时更换；各杠杆、拉杆腐蚀、磨耗超过 3 mm 时焊修或更换，弯曲变形时加热调修，各杠杆、拉杆、支点有裂纹时焊修，支点上下相对孔中心差不得超过 0.5 mm。

（2）焊修或锻修：锻修时将拉杆接头加热到 850 ~ 950 °C，分别锻成圆弧形，锻接余量为 10 ~ 15 mm；在结合面上撒上硼砂，将接头加热至 1 250 ~ 1 450 °C，一次锻成；锻造后在空气中缓冷，不得存在夹渣、裂纹、错偏、未熔透等现象。

（3）拉杆拉力试验：拉杆经焊接后或锻接后须进行拉力试验，不得有裂纹或变形。拉力试验的拉力为 120 MPa。

八、BAB 型集成制动装置检修工艺

（一）分　解

（1）车体与转向架分离前，应拆下制动缸与车体钢管连接的软管，采用符合 TB/T 3218

要求的防护件封堵制动缸进气孔、前盖呼吸孔及车体钢管孔。

（2）调直β型插销端部，拆下连接套、β型插销。

（3）先后分解扁开口销、开口销、圆销、扁孔圆销，拆下推杆组成、压缩式闸调器、制动杠杆、J 形杠杆和垫块、制动梁，制动缸可不从制动梁上拆下。分解紧固件时不得伤及其他零部件。

（二）检　修

1. 制动梁（制动梁型号见表 6-1-7）

表 6-1-7　BAB 型集成制动装置制动梁型号及适用条件　　单位：mm

序号	制动梁型号	适用车轮直径	适用制动装置型号
1	BLB-1	915	BAB-1
2	TMX-915		
3	BLB-2	840	BAB-2
4	TMX-840		

（1）TMX 系列制动梁检查及修理。

① 制动梁全长超下限时更换闸瓦托或制动梁架；焊缝裂纹时应更换或清除裂纹后焊修，焊后应打磨平整并在 24 h 后进行探伤，不应存在裂纹。

② 支柱裂纹时更换；闸瓦托磨耗超限时更换。

（2）制动梁组装。

① 经分解后全部重新组装的 TMX 系列制动梁，制动梁全长、制动梁瓦托中心距应符合原型尺寸。

② 更换支柱时，可选配，制动梁架张开量应为 1 ~ 3 mm；将支柱向制动梁架上压装，支柱与制动梁架配合面须位于两支柱定位线之间，对称度不超过 2 mm；支柱与制动梁架弓形梁或弓形杆组装后不得松动。

③ 更换安全链卡子时应使用专用工具组装，组装后卡子安装面与弧面的切点之间间隙不大于 4.5 mm。

（3）试验。

更换制动梁架或支柱的制动梁，组装后须进行挠度载荷试验，预加 50.7 kN，保持 2 min，连续 3 次后，再加载至 76.1 kN，挠度须不大于 2.5 mm，制动梁检修限度如表 6–1–8。超限时更换支柱或制动梁架。

表 6-1-8　制动梁检修限度　　单位：mm

序号	项　目	原型	检修后限度要求	检测器具
1	TMX-840、TMX-915 型制动梁全长	$1\,765^{+5}_{-6}$	$1\,765^{+6}_{-9}$	制动梁全长及托距测量尺
2	TMX-840、TMX-915 型制动梁两闸瓦托中心距	1 527 ± 3	1 527 ± 6	

续表

序号	项　目	原型	检修后限度要求	检测器具
3	支柱长槽宽度磨耗不大于： BLB 系类制动梁 TMX 系列制动梁	 23 ± 1 $26.4^{+1.3}_{0}$	 3 3	——
4	制动梁安全链松余量	——	70 ~ 120	卷尺
5	挠度载荷试验	——	挠度≤2.5	数控制动梁拉力试验机

2. 制动缸

（1）对制动缸进行外观检查，缸体磕碰变形影响密封时更换制动缸，紧固件松动时紧固或更换。制动缸安装螺栓、拉铆钉松动或折断时更换。法兰、前盖处滤尘网及防尘罩破损时更换，丢失时补装。

（2）手动旋转检查制动缸活塞杆，松动时分解，更换紧固螺栓并涂螺纹锁固胶，紧固力矩为 110 ~ 135 N · m。

（3）行程指示器和行程标志牌变形时调修，丢失或破损时更换。更换行程标志牌时，固定螺栓应涂螺纹锁固胶。

（4）气密性试验：向制动缸内充入 140 kPa 压缩空气，在全行程（100 ± 6）mm 进行气密性试验，压力稳定后保压 1 min，压力下降不大于 3.5 kPa。不合格时须从制动梁上拆下，分解检修或更换。

3. 压缩式闸调器

（1）控制杆弯曲、变形、损坏时应调修或更换。

（2）单车试验时，压缩式闸调器性能不良应更换。

（3）YST 系列压缩式闸调器采用 500 N · m 扭矩扳手检查筒体与连接套间螺纹连接，松动时更换。

（4）压缩式闸调器水平中心线两侧，连接套和筒体 1 连接部位应有 100 mm × 10mm 白色油漆直线防松标记。

4. 软　管

（1）对软管进行外观检查，法兰盘变形、裂纹或护网损坏时更换新品。

（2）按 TG/CL 225-2008 中第 3.8.2.7 条进行风、水压试验，不合格者应更换新品。

5. 推杆组成

（1）推杆螺纹失效时应修理或更换。

（2）橡胶减振套老化、龟裂、破损时更换新品。

6. 制动杠杆

（1）制动杠杆不得焊修。

（2）标记为 TM-22217、TM-22218 的 J 形杠杆，检查图 6-1-2 所示（40 ± 2）mm 尺寸，超上限时加工修磨或更换，超下限时更换。

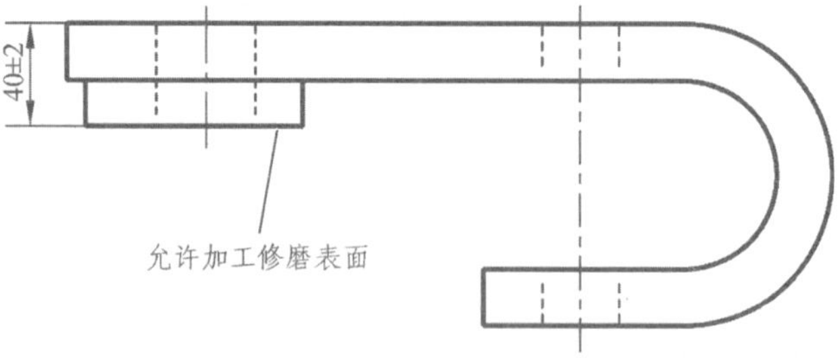

图 6-1-2　J 形杠杆段修尺寸检查示意图

7. β 型插销

外观检查 β 型插销，裂纹或破损时更换。

8. 垫块

检查垫块厚度，大于 28 mm 时更换垫块。

（三）组装要求

（1）组装前应确认 BAB 型集成制动装置的制动梁、制动缸、闸调器、制动杠杆等配置。

（2）在制动梁上安装制动缸时，BLB 系列制动梁与 JBC 型制动缸配套装用，采用短尾拉铆钉及套环紧固；TMX 系列制动梁与 TMX 型制动缸配套装用，制动缸与制动梁架间采用短尾拉铆钉及套环紧固，制动缸与支柱间采用螺栓紧固，螺栓从下向上穿入，紧固力矩为（115 ± 11）N · m，紧固后点焊固。

（3）组装压缩式闸调器前，应将其调至最短，可用 M8（YST 系列）或美 5/16-18UNC（C 系列）螺栓紧固压缩式闸调器螺杆，防止螺杆弹出。

（4）各制动杠杆与压缩式闸调器（除控制杆外）、制动梁支柱、制动缸活塞及推杆组成间应采用扁孔圆销连接。

（5）标记为 TM-22483 带倒角的手制动杠杆，如图 6-1-3 所示，应与第（2）条要求的前盖螺栓反装的 TMX 型制动缸（203）配套使用。

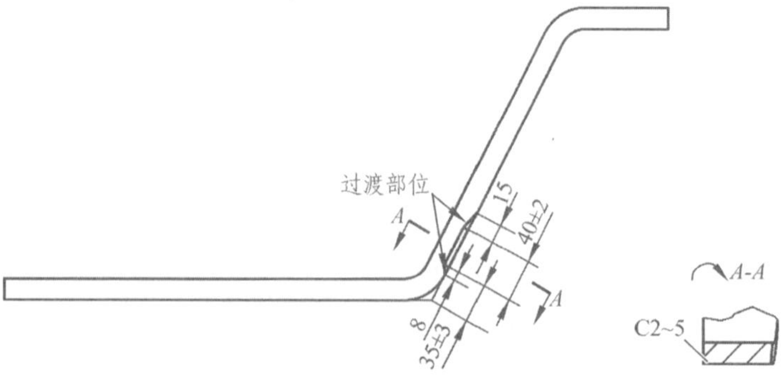

图 6-1-3　手制动杠杆

（6）BAB 型集成制动装置应按表 6-1-9 设置推杆长度（L）。

表 6-1-9　推杆设置长度　　　　单位：mm

转 K6 型转向架			
车轮平均直径 D	$D \geqslant 830$	$830 > D \geqslant 814$	$D < 814$
推杆调整长度 L	940 ± 5	956 ± 5	972 ± 5
DZ1 型、DZ4 型转向架			
车轮平均直径 D	$D \geqslant 905$	$905 > D \geqslant 889$	$D < 889$
推杆调整长度 L	860 ± 5	876 ± 5	892 ± 5
推杆图示			

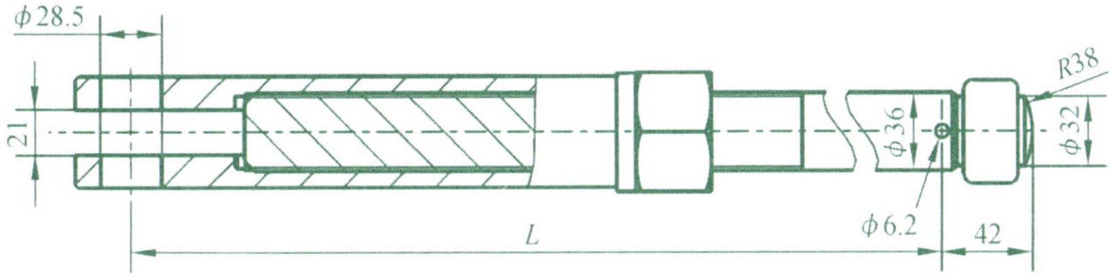

（四）检查要求

1. 检查前准备

（1）风源压力不低于 300 kPa。

（2）试验装置（可采用单车试验器）输出风压调整到 140 kPa。

（3）取下制动缸连接法兰处的防护件，将试验装置与制动缸连接，试验装置到制动缸间的连接管路长度不大于 4 m。

（4）将 4 块硬质垫板分别加装在转向架轴承外圈与侧架外侧导框之间并固定好。

（5）拆除闸调器后拉杆头处的螺杆固定螺栓。

（6）取下制动缸前盖排气口防尘堵。

2. 检查方法

（1）将试验装置置充风位，向制动缸内充入压缩空气至 140 kPa，置保压位，待压力稳定后，将试验装置置缓解位，制动缸压力降至零后再置充风位，向制动缸内充入压缩空气至 140 kPa。

（2）将试验装置置保压位，待压力稳定后，活塞杆上的白色三角形行程指示器的长竖直边应在行程标志牌行程标志孔空车活塞行程范围内[即表示制动缸活塞行程为（57 ± 6）mm]；缓解位，白色三角形行程指示器长竖直边应在行程标志牌缓解标志孔内。

（3）若制动缸行程大于规定值，旋转闸调器控制杆螺母，缩短控制杆的控制长度；若制动缸行程小于规定值，旋转闸调器控制杆螺母，调长控制杆的控制长度。

（4）检查试验合格后，在由内向外安装 β 型插销上安装连接套，β 型插销端部单侧折弯，折弯角度为 30° ~ 60°，防止连接套脱落，如图 6-1-4 所示；在控制杆和调整螺母螺纹间涂螺纹锁固胶，涂胶处应清除灰尘、油污，然后拧紧控制杆和推杆上的防松备母，扭矩值不小于 75 N · m。

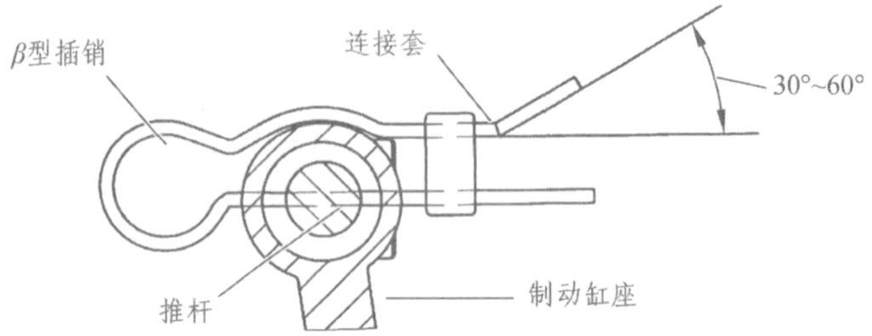

图 6-1-4 β 型插销、连接套组装示意图

（5）制动位制动梁安全链松余量为 70 ~ 120 mm。

（6）转向架与车体组装时，拆除制动缸、钢管封堵，组装制动缸与钢管间连接软管。

（五）单车试验

（1）单车试验应按 TG/CL 225-2008 及相关要求执行，并应符合下述要求，在测压接头处检测制动缸压力。

（2）制动缸活塞行程范围为（57 ± 6）mm。未安装空重车自动调整装置时，行程范围为 51 ~ 89 mm，三角旗长竖直边应在行程标志孔内。

（3）闸调器性能试验时，应在每个转向架任一闸瓦与车轮间插入试验垫板。

九、BAB 型集成制动装置检修工艺

（一）分　解

（1）车体与转向架分离前，应拆下制动缸连接软管、手制动拉杆连接销，用符合 TB/T 3218 要求的防护件封堵制动缸进气孔及车体钢管孔。

（2）先后拆下各连接销、制动杠杆、链蹄环、单元制动缸、制动梁。对于带手制动杠杆的单元制动缸，应先拆下挡圈、销轴、防脱螺栓及手制动杠杆。拆卸紧固件时不得伤及其他零部件。

（二）检　修

1. 单元制动缸

（1）单元制动缸制造或大修时间满 6 年、外观破损或主要零部件丢失、单车试验作用不良时须送大修。

（2）缸体与缸盖的连接螺栓松动、折断时更换。

（3）行程指示器的指示牌及伸缩杆上的行程标记环带应除尘。

（4）螺杆外露部分不得有油漆等异物，须均匀涂抹适量的 89D 制动缸脂。

（5）手制动杠杆变形、与推铁接触的凸台磨耗大于 3 mm 时修理或更换。

（6）手制动杠杆挡圈、销轴丢失时补装。销轴杆身圆周磨耗大于 1 mm 时更换。

（7）检修标志。检修试验合格单元制动缸在螺杆头刻打检修标志，内容包括检修时间（年、月）和检修单位代号，字高 5 mm。单元制动缸缸体上涂打 DAB 和单元制动缸规格白色油漆标志，字高 25 mm，如“DAB　5.4×178×120”，如图 6-1-5 所示。

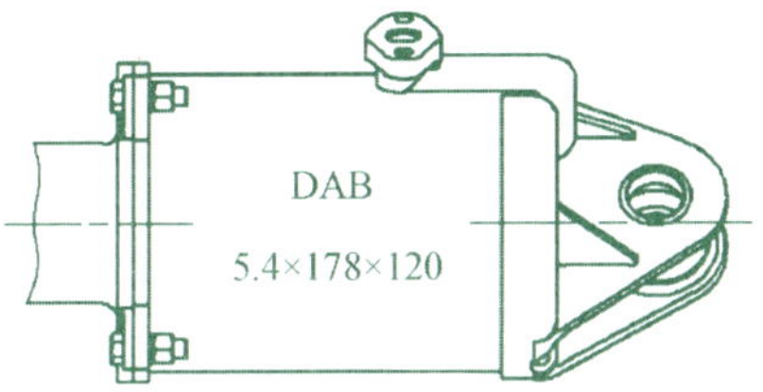

图 6-1-5　单元制动缸标志

2. 软　管

（1）对软管进行外观检查，法兰体变形、裂纹或护网损坏时更换新品。

（2）按 TG/CL 225-2008 第 3.8.2.7 条进行风、水压试验，不合格者应更换新品。

（三）组装要求

（1）组装前应确认 DAB 型集成制动装置制动梁、单元制动缸、制动杠杆等配置，拉铆销可用扁孔圆销及扁开口销替代。

（2）组装前，各销孔与衬套间、销轴螺纹及杆身上应涂适量的润滑脂，宜将螺杆调短至其平面位于端盖防护螺钉孔下方处。

（3）顺序组装制动梁、单元制动缸、制动杠杆、链蹄环。对于带手制动杠杆的单元制动缸，应在单元制动缸穿过摇枕后组装手制动杠杆、销轴、挡圈、防脱螺栓、螺母、开口销。销轴六方应朝外，标志“上”的上销轴装入手制动杠杆上销孔，标志“下”的下销轴装入手制动杠杆下销孔。销轴紧固时扭矩值不小于 90 N·m，销轴拧紧到位后装入挡圈，挡圈应卡入凹槽内。防脱螺栓应由里往外穿，螺母紧固并使槽口对准防脱螺栓孔后穿入开口销，开口销双向劈开角度不小于 60°。手制动杠杆及其连接件结构示意图如图 6-1-6 所示。

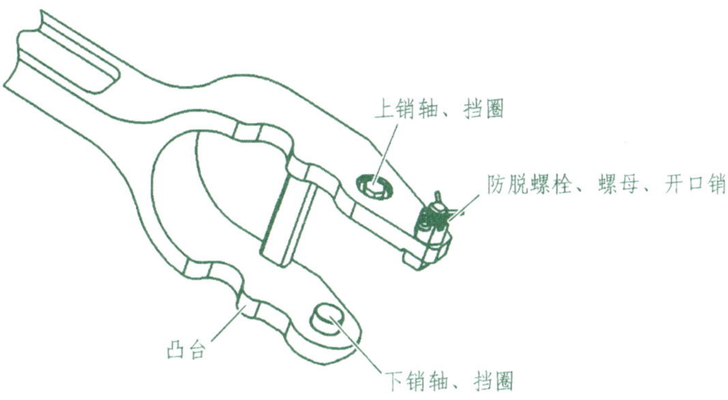

图 6-1-6　手制动杠杆及其连接件结构示意图

（4）组装拉铆销时，应符合 TJ/CL 231 的要求。组装扁孔圆销时，应符合 TJ/CL 230 的要求。

（5）.组装完成后或向单元制动缸充风时，闸调器防护螺钉应拆下。制动缓解两次，制动时向单元制动缸充入 140 kPa 压缩空气，缓解、转向架自由状态下缸体与制动梁架垂向间隙应不小于 7 mm。

（6）连接软管前应拆除制动缸进气孔、车体钢管孔上的防护件。

（四）单车试验

（1）单车试验应按 TG/CL 225-2008 及相关要求执行，并应符合下述要求，在测压接头处检测制动缸压力。

（2）集成制动装置缓解时，黄色行程指示器尾端应在伸缩杆上白色缓解标志环带（第一道凸环）内。制动安定试验时，制动缸活塞行程应符合表 6-1-10 的规定，检查时，以伸缩杆行程定义为制动缸活塞行程，伸缩杆行程是指伸缩杆相对行程指示器的位移。空车制动缸压力 120 ~ 160 kPa 的车辆，黄色行程指示器尾端应在伸缩杆上绿色标志环带（第二道凸环）内，如图 6-1-7 所示；未安装空重车调整阀或空车制动缸压力大于 160 kPa 的车辆，黄色行程指示器尾端应在伸缩杆上绿色、红色标志环带（第二道凸环及第三道凸环）内，如图 6-1-8 所示。

表 6-1-10　制动缸活塞行程　　单位：mm

制动缸规格（压力比×直径）	空　车	重　车
5.4×178	70 ~ 90	70 ~ 144
6.3×178		
7.2×178	90 ~ 110	90 ~ 184
8.2×178		
9.2×178	100 ~ 120	100 ~ 204

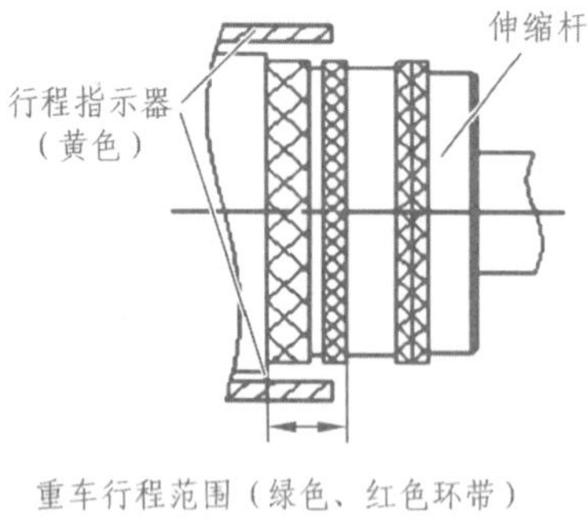

图 6-1-7　空车位制动缸行程位置示意图

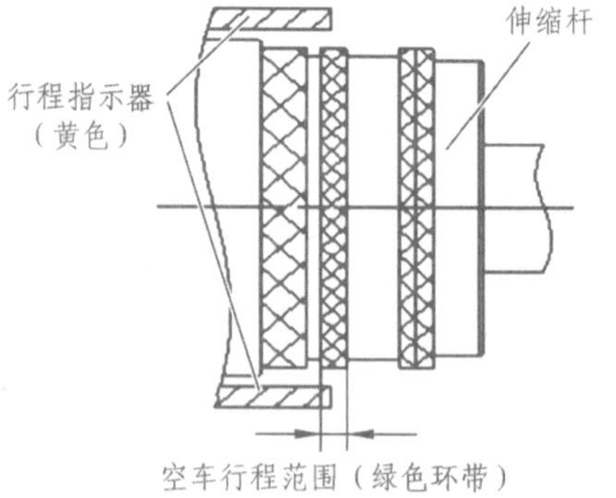

图 6-1-8　重车位制动缸行程位置示意图

（3）缓解状态下测量螺杆伸出量，即端盖与螺杆头距离 L_0 值，如图 6-1-9 所示。新轮、新瓦（45 mm 厚闸瓦）时 L_0 值应为 0 ~ 28 mm。新轮、新瓦（50 mm 厚闸瓦）时 L_0 值应为 0 ~ 20 mm。轮瓦磨耗后 L_0 值不作要求。

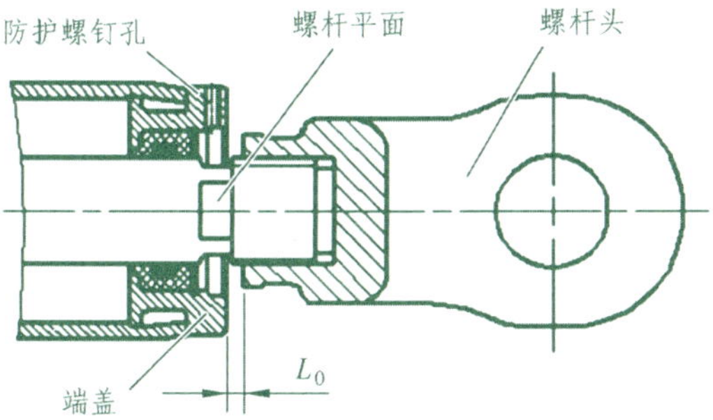

图 6-1-9　L_0 值示意图

（4）闸调器性能试验时，在每个转向架的任一闸瓦与车轮之间放入/撤去试验垫板。放入/撤去试验垫板前后，制动位伸缩杆行程相差应不大于 1.5 mm。

职业能力评价表

班级		姓名		学号	
课程内容		日期		成绩	

1. 小组自评

（1）优点：

（2）不足：

2. 小组互评

小组成员	优点	不足

3. 教师指导评价

环节	序号	评价内容	评级		
			A	B	C
专业能力	1				
	2				
	3				
方法能力	4				
	5				
	6				
	7				
社会能力	8				
	9				
	10				
教师综合评价					